JN246301

ミニマムで学ぶ
フランス語のことわざ

大橋 尚泰 著
ヴァレリー・ノンジャレ他 協力

クレス出版

ミニマムで学ぶ〈ことわざ〉

異文化（外国の文化）に関心を持ち、深く知りたいと思ったとき、私たちはまずその言語を学ぼうとします。具体的には、基礎的な文法と基本的なボキャブラリー（語彙）を身につける必要があるでしょう。そして、文章を読んだり、作文をしたり、簡単な会話に取り組んでいくことになります。しかし、それで十分かというと、その先にことわざの世界がひろがっています。

ことわざはよく比喩を用います。たとえば、ヨーロッパの多くの言語に、直訳すると「静かな水は深く流れる」となる表現（ふつうは「静かな淵は深い」と訳される）がありますが、これは水音の低い淵が深いことを表すだけでなく、比喩的に無口な人について、表面からは窺いしれないものがあることを示しています。こうした表現は、予備知識なしに初めて聞いたのでは、とうてい理解できないものでしょう。比喩には、国際的に通用するものもありますが、母語（生まれたときから自然に身につけた言語）からの類推だけでは理解できず、とんでもない誤解をしかねないものもあるのです。

しかも、ことわざには価値判断の基準や行動の指針となるものがあり、しばしば結論に直結しています。だから、文意をほぼ理解できたつもりでも、ことわざがわからないために結論が把握できないことが出てきます。ことわざには、人の行動を左右する力があるので、単なる文章の一部というより、肝心な核心部分となることが少なからずあるといってよいでしょう。〈ことわざ〉がカルチュラル・リテラシー（異文化の読解力）の重要なキイとされるのも当然です。

では、異文化理解のためにどれくらいことわざを知る必要があるのでしょうか。ペルミャコーフ（ロシアのことわざ研究者）は、母語話者（ネイティブ）が常識的に知っていて、よく使うことわざをミニマムと名づけ、およそ400を知っておくことが望ましいとしていました。

しかし、ネイティブであっても、最初から400ものことわざを知っているわけではありません。幼少期から日常生活のなかで、いろいろな体験とともに少しずつに耳にすることによって、しだいにことわざを身につけていくことはいうまでもないでしょう。そのプロセスは、生活のなかでことわざを自然におぼえるだけでなく、同時に無意識のうちにことわざに対する感覚を身につけ、磨いていくものです。大人が口にすることわざが直ちに理解できなくても、使用場面と音声が脳内に蓄積されることによって、しだいに感覚的理解力が形成されるといってよいでしょう。

〈ミニマムで学ぶ〉シリーズは、このプロセスを参考に、〈ミニマム〉を異文化理解の出発点として最小限必要なことわざと再解釈し、ことわざを論理的に理解するだけではなく、感覚的にも自分のものにするためのツールを目指しています。そのために、各言語のことわざ研究者が100のことわざを精選し、意味・用法を詳しく解説し、レトリックや参考となる文化的背景にもふれるようにしました。また、各言語のネイティブの協力を得て、現代の会話を中心に用例を示しています。

このように最低限必要な100のことわざをていねいに学んでいくメソッドは、一見遠回りのようですが、さらに多くのことわざ表現を理解する上で不可欠な感覚を身につけることができ、異文化理解を着実に進めるものとなるでしょう。とりわけ現代の会話例は、ことわざのアクティブな活用に役立つことを確信しています。

本シリーズが各言語のことわざの世界への扉をひらき、読者にとって異文化理解の礎石となることを願っています。

2017年2月

ミニマムで学ぶことわざシリーズ監修　北村　孝一

生きたフランスのことわざ

この「ミニマムで学ぶ」シリーズは、現在使われている日常会話での用例を載せることを一つの目玉として企画された。そこで、筆者はフランス在住の複数の友人に連絡を取り、筆者が書いた例文を見てもらうことにした。生きた会話という観点から、あえて専門家ではなく、教養のある一般のフランス人３人を選び、協力をお願いした。数か月間、ほぼ毎日メールでやり取りを続け、まったく新しい例文を作ってもらったり、一人のフランス人の作った例文を他のフランス人に見せるなどして、修正を重ねた。その結果、本書は生きた中級フランス語会話の用例集としても使えるものになっているのではないかと思う。

フランス人とのやり取りの間、いちばん驚いたのは、筆者が当然のように暗記していたフランスのことわざを「知らない」と言われたことだった。たとえば Si jeunesse savait, si vieillesse pouvait.（もし若者が知っていたらなあ、もし老人ができたらなあ）は、「非現実の仮定」の例として文法的に最適なだけでなく、「もし若者に知力が備わっていたらなあ、もし老人に体力が備わっていたらなあ」という含蓄のある言葉だったから、とても気に入っていた。あるいは「旗幟（きし）を鮮明にせよ」という意味の Il faut qu'une porte soit ouverte ou fermée.（扉は開いているか閉まっているかでなければならない）は、19 世紀の文学者ミュッセの戯曲の題名にもなっているくらいだから、当然よく知られているのかと思っていた。しかし、この２つに限らず、用意した 100 のことわざ中、10 近くのことわざについて「知らない」と言われ、衝撃を受けたのだった。しかし、ひるがえってみると、たとえ 19 世紀によく使われていたとしても、19 世紀といえば日本の幕末から明治時代に当たる。筆者の祖父母などの明治生まれの人は、庶民の知恵としてことわざをよく口にしていたが、その多くを現代の人は使わなくなっている。フランスでも日本でも、100年以上前と現在とでは事情が大きく変わっているのも当然なのかもしれない。そこで今回、100のフランスのことわざを選定するにあたっては、一般のフランス人が耳にしたことがないようなことわざは極力除外するようにした。

他方、遥か中世から語り継がれ、現在でもよく使われていることわざも存在する。そうしたことわざについては、歴史的な由来にも光を当て、ことわざの多重な層を浮かび上がらせようと努めた。

本書では、まず第1章で、動物が出てくることわざを集めてみた。イソップ寓話もラ・フォンテーヌの寓話も、登場するのは動物ばかりなので、子供でも親しみをもって話に入っていくことができる。そのように、ことわざの世界にも入っていけたらいいと願っている。

2017年2月

大橋　尚泰

REMERCIEMENTS

Nous tenons à remercier vivement

Romain Daniel, Rémy Daude

et tout particulièrement

Valérie Nonjarret

qui nous ont aidés à créer des exemples et sans qui ce livre n’aurait jamais vu le jour.

ミニマムで学ぶ　フランス語のことわざ　目　次

※本文中の〔n° 数字〕＝ことわざ番号を指す

第１章

生き生きとした動物たち

〔1〕Rien ne sert de courir, il faut partir à point.

走っても無駄だ、ちょうどよい時に出発する必要がある

【意味】 ぎりぎりになって、あわてて取りかかっても駄目だ。あわてず、かといって遅れることなく、着々と進めていくことが大切だ。

【用法】 着々と一歩を踏み出しなさい、という教訓として使われる。

【ポイント】 有名なことわざなので、前半だけ言っても通じる。

【参考】 イソップ寓話に由来するラ・フォンテーヌの『寓話』第6巻第10話「うさぎと亀」に出てくる。これは次のような話。

うさぎと亀が競走することになった。うさぎは馬鹿にして、「まだ大丈夫」と思ってすぐには出発せず、他のことに気を取られていたが、いつのまにか亀がゴール寸前に達しているのを見て、あわてて飛び出したが間に合わず、亀に負けた。

誰でもよく知っている話なので、この話を踏まえて使われる。なお、絵に描く場合は、乗り物に乗り遅れる場面がよく描かれる。

【類】 Hâtez-vous lentement.（ゆっくり急げ）〔＝急がばまわれ〕/ Avant l'heure, c'est pas l'heure, après l'heure, c'est plus l'heure.（時機より前はまだ時機ではない。時機がすぎたらもう時機ではない）

【用例】 « Tu as commencé l'écriture de ton mémoire ?

— Pas encore, j'en suis encore au stade de la préparation, mais je ne veux pas me précipiter car rien ne sert de courir, il faut partir à point. »（「論文は書き始めたの？」「まだだよ、まだ準備段階なんだ。でも、あわてようとは思わないんだ、だって『走っても無駄だ、ちょうどよい時に出発する必要がある』のだから。」）

〔2〕Il ne faut pas réveiller le chat qui dort.

眠っている猫を起こしてはならない

【意味】 争いが収まっているときは、再び蒸し返すのは避ける必要がある。敵から忘れられているときは、敵の前に姿を現したり、注意を引いて挑発するのは危険だ。

【用法】 不必要に相手を刺激するのを戒めるときに使われる。

【ポイント】 人間から見て「気持ちよく眠っている猫を起こすと、爪で引っ掻かれる恐れがある」という意味だと考える人もいるが、むしろ鼠から見て「天敵の猫が眠っていたら起こしてはならない」という意味だと考えた方が納得がいく。

【参考】 日本のことわざでは、「寝た子を起こす」、「触らぬ神に祟(たた)りなし」、「藪蛇(やぶへび)」などに似ている。

【類】 Qui s'y frotte s'y pique.（手出しをする者は刺される）〔n° 57〕

【用例】 « Le couple d'à-côté vient encore de claquer la porte. Je ne supporte plus ce bruit. Je vais aller les voir pour me plaindre.
— Arrête, ils sont entêtés et méchants. La situation peut se compliquer davantage. Il ne faut pas réveiller le chat qui dort. »
(「隣の夫婦がまたドアをバタンと閉めたわ。もうあの音は我慢がならないわ。行って文句を言ってやりましょう。」「やめておけ、あの人たちは頑固で意地悪だから。もっとこじれるかもしれないよ。眠っている猫を起こしてはならないよ。」)

〔3〕Chat échaudé craint l’eau froide.

やけどをした猫は冷たい水を恐れる

【意味】 一度失敗したことについては、次回からは慎重になるものだ。

【用法】 一度苦い経験を味わい、もう二度とこりごりだと思ったときに使われる。

【ポイント】 意味的に言葉を補うと、Chat *une fois* échaudé craint *même* l’eau froide.（一度やけどをした猫は冷たい水さえも恐れる）となる。似た音の反復（「シャ」、「ショ」、「オ」）で語調がよい。

【参考】 猫は用心深く、一度失敗したことは二度としようとしない性質がある。日本の「羹(あつもの)に懲(こ)りて膾(なます)を吹く」〔＝熱い汁をすすってやけどしそうになったのにこりて、冷たい食べ物も冷まそうとする〕と比喩も意味も似ている。

【用例 1】 « Ça fait déjà presque un an que je me suis séparée de mon ami, mais je ne suis pas encore prête à me lancer dans une nouvelle histoire d’amour, chat échaudé craint l’eau froide. »（「別れてもう一年近くなるけれど、まだ新しい恋愛話を始めるつもりにはならないわ。やけどをした猫は冷たい水を恐れるのね。」）

【用例 2】 « Je ne retournerai pas dans ce restaurant. La dernière fois que j’y suis allé, les plats étaient froids et les serveurs peu aimables. Chat échaudé craint l’eau froide ! »（「あのレストランには二度と行きたくないな。この前あそこに行ったら、料理は冷めているし、ウェイターも愛想がよくなかったから。やけどをした猫は冷たい水を恐れる、だ。」）

〔4〕La nuit, tous les chats sont gris.

夜にはすべての猫が灰色だ

【意味】暗いところでは人や物はみな同じように見え、よく判別できない。

【用法】「夜なら悪いことをしてもわからない」、「つかまらなければ何をやっても大丈夫だ」という文脈で使われることもある。比喩的に「視界にもやがかかっているようなときは物事を正しく理解できないものだ」という意味で使われることもある。

【参考】昔は「暗いベットの中では、美人でも醜い女でも同じだ」という意味で使われていたこともある。もともとフランス語の「猫」という単語には「女性性器」を連想させる要素があるからである（「猫」chat は「針の穴」chas と発音が同じで、「雌猫」chatte は「女性性器」という意味にもなる）。

【用例】« Hier, après la fin des cours, comme nous étions le 1er avril [traditionnellement en France un jour de farces où l'on accroche des poissons au dos des gens], j'ai accroché avec les autres camarades de l'école des poissons aux dos des professeurs et j'ai peur de me faire punir.

— Ne t'en fais pas, la nuit, tous les chats sont gris. »（「きのうの放課後、エープリル・フール〔フランスでは伝統的に他人の背中に魚の形をした紙を引っかけて悪ふざけをする日〕だったから、学校の他の仲間と一緒に、先生たちの背中に魚を引っかけたんだ。罰をくらうんじゃないかなあ。」「心配するな、夜にはすべての猫が灰色だから。」）

〔5〕Quand le chat n’est pas là, les souris dansent.

猫がいなくなると鼠たちが踊る

【意味】 先生や上司がいないときは、生徒や部下が自由を謳歌（おうか）する。

【用法】 口うるさい上司や文句ばかり言う人がいなくなり、解放感から、はめを外して騒ぐことができるときに使う。

【ポイント】 昔は、倉庫や棚に置いてある食料を鼠に食べられないよう、猫を飼う家が多かった。天敵の猫がいなくなって、鼠が好き放題に走りまわって飲み食いしているイメージである。

【参考】 日本の「鬼のいぬ間に洗濯」に近いが、日本のことわざの場合は「ほっと一息ついて、のんびり羽を伸ばす」という感じを伴うのに対し、フランスのことわざの場合は「踊る」なので、「どんちゃん騒ぎをする」というイメージがある。なお、ことわざの前半部分は時代とともに変化しており、ひと昔前は Le chat parti, les souris dansent. といった。

【用例】 « En mon absence, mes enfants ont inondé la salle à manger.
— Oh, là là... Quand le chat n’est pas là, les souris dansent. »
（「私がいない間に、子供たちが食堂を水びたしにしたんですよ。」「おやおや、猫がいなくなると鼠たちが踊る、ですね。」）

〔6〕La montagne accouche d'une souris.

山が一匹の鼠を出産する

【意味】 大袈裟に騒いでおきながら、何の成果も得られない。

【用法】「山が地響きを立てたので、さぞかし大きな事件が発生するだろうと思われたのに、結局鼠が一匹出てきただけだった」というイソップ寓話の話から、期待に反して失望させられるような結果に終わった場合に使われる。

【ポイント】 日本でも、漢文調で「大山鳴動（たいざんめいどう）して鼠一匹」と訳されて定着しているが、あくまで西洋起源のことわざで、「泰山」と書くのは当て字。

【参考】 イソップ（正確には紀元1世紀頃のファエドルス [仏語表記 Phèdre フェードル]）の寓話やホラティウスの『詩論』に出てくる。17世紀のラ・フォンテーヌの『寓話』第5巻第10話「お産をする山」で有名になった。ラ・フォンテーヌの寓話は「そこからしばしば出てくるのは何だろう？　風だ。」という言葉で終わっており、フランス語の「風」には「屁」という意味もあるので、ラ・フォンテーヌ風にいえば「大山鳴動しておなら一発」だともいえる。

【用例】 « On nous avait promis de formidables avancées avec cette nouvelle loi sur le travail et au final, la montagne a accouché d'une souris : il n'y a pratiquement aucun progrès ni pour les salariés ni pour les patrons. »（「あの新しい労働に関する法律によって、飛躍的に前進するという話だったのに、結局、大山鳴動して鼠一匹。労働者にとっても雇用主にとっても、実質的にはまったく進展なしだわ。」）

〔7〕Il ne faut pas vendre la peau de l'ours avant de l'avoir tué.

殺す前に熊の皮を売ってはならない

【意味】 まだ手中に収めていないものを、手に入れたと仮定して話を進めてはならない。

【用法】 まだどうなるかわからないのに、自分の都合のいいように解釈して有頂天になっている人に対して使われる。

【ポイント】 日本の「とらぬ狸(たぬき)の皮算用」と同じ。フランス語の場合は「狸」ではなく「熊」なので、いわば「とらぬ熊の皮算用」。

【参考】 イソップ寓話（岩波文庫『イソップ寓話集』p.68「旅人と熊」）をもとにしたラ・フォンテーヌの『寓話』第5巻第20話「熊と二人の友人」で有名になった。

【類】 bâtir [faire] des châteaux en Espagne（スペインに城を築く〔作る〕）〔＝砂上楼閣を築く、実現不可能なことを計画する〕

【用例】 « On mène 2 à 0, le match est dans la poche ! Je vais ouvrir une autre bouteille !

— Attends ! Il reste encore dix minutes de jeu, la situation pourrait se retourner. Il ne faut pas vendre la peau de l'ours avant de l'avoir tué. »

（「2対0だ、これで試合は勝負ありだな。もう一本ワインを開けよう。」「待て。まだ残り時間は10分あるんだ。逆転するかもしれんぞ。殺す前に熊の皮を売ってはならないぞ。」）

〔8〕Quand on parle du loup, on en voit la queue.

狼について話をすると、その尻尾が見える

【意味】 日本の「噂をすれば影がさす」と同じ。

【用法】 噂をしていた当の本人が現れた場合に、偶然の一致への驚きと、多少のユーモアを込めて使われる。

【ポイント】 日本でも「噂をすれば……」で止めて後半を省略したり、「噂をすれば何とやら」と濁すことがあるように、フランス語でも前半の Quand on parle du loup だけ言って後半は言わないことが多い。これは、有名なことわざなので前半だけでも通じることに加え、フランス語で「尻尾」を意味する queue には「男性性器」という意味もあり、そうした性的な含意が生じるのを避けるためだとも言われている。

【参考】 昔は、狼には悪いイメージがあったために、悪口や蔭口をたたいていた場合に使われたらしいが、現在ではとくに悪い噂でなくても使われる。なお、en はいわゆる中性代名詞で、en を使わないで後半を書き換えると on voit la queue du loup. となる。

【用例】 « Que penses-tu d'André, notre nouveau voisin ?

— Il n'est pas très sympathique, je ne l'aime pas beaucoup.

— Attention… Le voilà ! Quand on parle du loup… »

(「あなたの隣に新しくやって来たアンドレのこと、どう思う？」「あまり感じがよくないわね。あまり好きじゃないわ。」「おっと、あの人が来たわよ。狼について話をすると…… ね。」)

〔9〕tirer les marrons du feu

火から栗を抜き取る／火中の栗を拾う

【意味】①他人のために危険をおかして、ばかを見る
②危機的な状況や不利な状況を利用して、まんまと利益を得る

【用法】伝統的には ①の意味で使われる。②は伝統的な使い方を重んじる人に言わせれば「誤用」だが、近年は②の意味で使われることが多い。

【ポイント】ラ・フォンテーヌ『寓話』第9巻第17話「猿と猫」で広く知られるようになった。あらすじは次のとおり。

　あるとき、暖炉で焼ける栗を見ていた猿は、猫をおだてて栗を拾わせることにした。猫は熱い火の中に脚を伸ばして苦労して栗を拾うが、片っ端から猿が食べてしまい、猫は一つも食べることができないまま、女中に見つかって二匹とも逃げた。

【参考】明治期に日本に移入され、「火中の栗を拾う」という表現で定着した。日本の場合、自己犠牲の精神に基づき「危険を承知のうえで、あえて問題の処理や責任ある立場を引き受ける」という日本特有の意味で使われることが多い。

【用例】« J'ai vu Marie hier, elle m'a confié qu'elle n'avait jamais été heureuse en dix ans de mariage.
— Oui, mais on dit qu'elle a obtenu une somme considérable de dommages et intérêts quand elle a divorcé. Elle a su tirer les marrons du feu ! »（「昨日、マリーに会ったわよ。10年の結婚生活は、全然幸せではなかったと言っていたわ。」「でも、離婚して相当な額の慰謝料をもらったそうよ。うまく火中の栗を拾ったのね。」）

〔10〕On n'apprend pas à un vieux singe à faire la grimace.

老いた猿におかしな顔のつくり方を教えたりはしない

【意味】 ずるい手を知り尽くした老練な者をだまそうとしても無駄だ。

【用法】 子供や若者が、経験豊富な大人や年長者をだまそうとした場合に、「そんな小細工をしたって、だまされるわけがないだろう」、「そんな手は先刻承知だ」という意味で、大人や年長者が使うのが典型的な使い方。

【ポイント】 日本の「釈迦に説法」や「河童(かっぱ)に水練(すいれん)」〔＝泳ぎの達者な河童に泳ぎ方を教える〕に似ているが、このフランスのことわざは、（猿のように）ずるをしようとした場合に使われることが多い。

【参考】 猿はずる賢く、ごまかすというイメージがある。また、人を笑わせるために作る変な顔を、猿の顔にたとえることがある。

【用例】 « Maman, je ne peux pas aller à l'école ce matin, je suis enrhumé. Regarde : le thermomètre indique 43 degrés !
— C'est impossible que la température du corps monte si haut. Tu as dû chauffer le thermomètre dans une eau bouillante ! On n'apprend pas à un vieux singe à faire la grimace.
— Ah mince, tu as deviné... »（「お母さん、今日は学校に行けないよ、風邪を引いたから。ほら、体温計が43度を指しているよ。」「体温がそんなに上がるわけがないでしょう。体温計を沸騰したお湯の中に入れて熱くしたんじゃないの。老いた猿におかしな顔のつくり方を教えたりはしないものよ。」「ちぇっ、当たりだよ。」）

〔11〕Qui vole un œuf vole un bœuf.

卵を盗む者は牛を盗む

【意味】小さなものを盗む者は、いずれ大きなものを盗む。盗みはエスカレートする。

【用法】小さなものを盗む人に警告の意味で使うことが多い。

【ポイント】いずれ将来的には大きなものを盗むことになる、という意味なので、2つめの vole は未来形 volera にしてもよさそうなものだが、語調のよさが優先され、同じ現在形が反復されている。実際、このことわざは語調がよいことわざの代表格となっている。発想は日本の「嘘つきは泥棒の始まり」に似ている。

【参考】「卵」œuf と「牛」bœuf に深い意味はなく、単に発音が似ているから使われているだけ。この二つの単語を使った比喩的表現は昔は複数存在したが、今でもよく使われるものに donner un œuf pour avoir un bœuf（牛を得るために卵を与える）〔日本の「蝦(えび)で鯛(たい)を釣る」に相当〕がある。

【類】Qui a bu boira.（飲んだ者は飲むだろう）〔＝悪習は抜け出せないものだ。こちらはエスカレートではなく反復〕/ L'appétit vient en mangeant.（食欲は食べるにつれて出てくる）〔n° 72〕

【用例】« Tu penses peut-être que ce n'est rien de voler un bonbon, mais que voleras-tu la prochaine fois ? Qui vole un œuf vole un bœuf ! »（あめ玉ひとつ盗むくらい、何でもないと思っているだろう。でも、この次は何を盗むんだ？　卵を盗む者は牛を盗むんだぞ。）

〔12〕Il ne faut pas mettre la charrue avant les bœufs.

牛の前に犂を置いてはならない

【意味】物事の順序をあべこべにしてはならない。

【用法】最初に踏むべき段取りを飛ばして、その次のところから始めようとするせっかちな人や、そそっかしい人に対して使う。昔は、結婚前に妊娠したカップルを叱るときにも使われた。「牛の前に犂を置く」mettre la charrue avant les bœufs で「あべこべにする」という意味の成句としても使われる。

【ポイント】犂は農具の一種で、牛の後ろに取りつけ、牛に牽かせて畑を耕すのに使った。

【参考】中世から広く存在することわざ。現在の農作業では、牛や犂は姿を消して耕耘機が使われ、「犂」という言葉自体あまり使われなくなっているが、それでもまだこのことわざがよく使われているのは、よほどイメージに訴える力が強いからなのだろう。

【用例】« Chérie, je viens d'inscrire notre fils à un cours de voile, depuis le temps qu'il en rêvait… Il commence la semaine prochaine.

— Mais il ne sait pas encore nager ! Inscris-le d'abord à un cours de natation. Il ne faut pas mettre la charrue avant les bœufs. »

(「おい、あの子をヨット教室に申し込んできてやったぞ。あいつ、ずっと前から行きたがっていたからな……。来週からスタートだ。」「でも、あの子、泳げないじゃないの。まずはスイミングスクールに通わせないと。牛の前に犂を置いちゃだめよ。」)

〔13〕Faute de grives, on mange des merles.

つぐみがなければ黒つぐみを食べる

【意味】 希望するものが得られなければ、得られるもので満足するしかない。

【用法】「本当なら……したいところだが、無理なので仕方がない、あきらめよう」というときに使う。

【ポイント】 グリーヴ grive（つぐみ）は美食家に珍重され、褐色で斑（まだら）模様がある。メルル merle（黒つぐみ）はさえずり声が特徴的で、斑模様がなく、一様に黒または暗い色をしており、「黒歌鳥（くろうたどり）」とも訳される。とはいえ、どちらも大雑把にいえば「つぐみ」であり、多くのフランス人は両者の違いを知らない。

【参考】「あるもので満足すべきだ」という意味のことわざは多い。

【類】 Quand on n'a pas ce que l'on aime, il faut aimer ce que l'on a.（好きなものを持っていない場合は、持っているものを好きになる必要がある）/ Le mieux est l'ennemi du bien.（最良のものは良いものの敵だ）〔＝最高のものを求めすぎると、今ある良いものまで台なしになってしまう〕/ L'herbe est toujours plus verte ailleurs.（よその芝はつねにもっと緑だ）/ De deux maux, il faut choisir le moindre.（2つの悪の中では小さいほうを選ぶ必要がある）

【用例】 « À vrai dire, je voulais acheter une valise de plus grand format, mais je n'en ai pas trouvé ; je vais devoir m'en contenter. Faute de grives, on mange des merles. »（「本当はもっと大きなスーツケースを買いたかったんだけれど、見つからなかったんだ。これで満足することにしよう。つぐみがなければ黒つぐみを食べるしかない。」）

〔14〕Une hirondelle ne fait pas le printemps.

一羽の燕（つばめ）では春にならない

【意味】 一羽だけ燕がやって来たからといって春が来たことにはならないように、一つの出来事だけでは結論を導き出すには不十分だ。

【用法】 たとえば「若干の経済指標が改善されたからといって、景気が良くなったと結論づけるのは尚早だ」という意味で使われる。

【ポイント】 日本の「一斑（いっぱん）を以て全豹（ぜんぴょう）を卜（ぼく）す（べからず）」〔＝一部分だけを取り上げて全体を判断する（べきではない）〕に通じる。

【参考】 このことわざは古代ギリシアから存在し、ヨーロッパ各国語に存在する。燕は基本的には渡り鳥で、アフリカ大陸で越冬し、毎年春または初夏になるとヨーロッパにやってくる。フランスでは春を告げる鳥としてイメージされている。日本の例に置き換えるなら、さしづめ「鶯（うぐいす）が一羽鳴いたからといって春が来たとはいえない」といったところか。

【類】 Une fois n'est pas coutume.（一回は習慣ではない）〔n° 29〕

【用例】 « On m'a dit que tu avais obtenu des résultats positifs en réalisant tes expériences de laboratoire. Tu vas pouvoir les publier dans une revue scientifique !

— Oui, mais une hirondelle ne fait pas le printemps. Je dois encore m'assurer que ces résultats ne sont pas dus au hasard et les reproduire un grand nombre de fois. »（「実験室の実験で、いい結果が出たそうだね。科学誌に発表できるなあ。」「うん、でも一羽の燕では春にならないから。この結果が偶然のせいではないことを確認して、何度も何度も再現しないといけないんだ。」）

〔15〕Les chiens aboient, la caravane passe.

犬は吠えるがキャラバンは進む

【意味】 他人の批判や中傷は気にせずに、自信を持って自分の道を歩め。言いたい奴には言わせておけ。

【用法】 他人から批判や中傷を受けたときに、励ましたり勇気づけたりするため使われることが多い。

【ポイント】 吠える犬の比喩を用いた他のことわざに、Chien qui aboie ne mord pas.（吠える犬は噛まない）という有名なことわざがある。これに絡めていえば、どうせ「吠える犬は噛まない」のだから、勝手に吠えさせておけ、ということになる。

【参考】 もともとアラブ諸国・中近東のことわざらしい。『ティファニーで朝食を』の原作者、アメリカのトルーマン・カポーティの逸話が有名。それによると、カポーティが自分の本を批判する記事を読んで心を痛めていたとき、一緒にシチリア島にいたフランスの文豪アンドレ・ジッドが「評論家の言うことなど気にするな」という意味でこのことわざを教えたという。

【類】 bien faire et laisser dire（よく行い、言わせておく）〔＝やるだけのことはやって、あとは何とでも言わせておけ〕

【用例】 « Je sais qu'il y a des gens contre la réforme, mais il faut changer l'organisation de notre société à tout prix. Les chiens aboient, la caravane passe. »（「改革に反対する人々がいることは承知しているが、しかし、何が何でも我々の社会構造を変える必要がある。犬は吠えるがキャラバンは進む、だ。」）

〔16〕Qui veut voyager loin ménage sa monture.

遠くへ旅をしたい者は自分の馬をいたわる

【意味】 遠大な目標に到達したいのなら、余力を残しながら進む必要がある。最初から飛ばしすぎると途中で息切れするから、自分のペースを守ることが大切だ。

【用法】 体調管理に気を配り、自分の体をいたわりながら仕事をしていく必要がある、という使い方が一般的。変わったところでは「愛車に長く乗り続けるためには、日頃のメンテナンスが大切だ」といった意味で使うこともある。

【ポイント】 monture は「馬」と訳したが、実際は馬に限らず、乗るための動物全般を指し、ろばなども含まれる。

【参考】 ラシーヌの喜劇『裁判きちがい』（1668 年）の冒頭付近に出てくる。この作品は 12 音節の「アレクサンドラン」と呼ばれる詩の形式で書かれているため、このことわざも 6 音節 + 6 音節となっていて語調がよい。voyager の代わりに aller を使うこともあるが、そうすると音節が１つ減り、均整に欠けるうらみがある。

【用例】 « Tu as l'air fatigué !

— C'est parce que je révise tous les jours un concours que je vais passer dans six mois.

— Tu devrais t'autoriser des pauses parce que "qui veut voyager loin ménage sa monture." »（「疲れているようね。」「毎日、半年後の試験の勉強をしているからね。」「休みを取ったほうがいいんじゃないの。『遠くへ旅をしたい者は自分の馬をいたわる』ものなんだから。」）

コラム－文学作品に由来する12音節のことわざ

ことわざは口承文芸だと言われることがある。フランス語に関していえば、「ディクトン」〔p. 96を参照〕についてはそのとおりだが、それ以外のことわざについては必ずしもそうとはいいきれず、昔は学校（教会付属の学校など）でラテン語の授業の一環としてことわざが暗記されることも多かった。また、テレビなどが存在しなかった時代には、劇が娯楽として重要な位置を占め、繰り返し演じられることで、そこに出てくることわざが人々の記憶に刷り込まれた。現代でもフランスでは小学校に上がる前からラ・フォンテーヌの『寓話』に親しみ、中学・高校の授業でも繰り返し出てくるので、そこに出てくることわざは多くの人々が暗記している。ことわざの伝播（でんぱ）という点で、文学作品は大きな役割を果たしているわけである。

『寓話』や古典劇の多くは12音節（別名「アレクサンドラン」）で書かれているため、こうした作品に由来することわざも12音節のものが多い。そこで、本書で取り上げた12音節のことわざを6音節ずつに区切り目を入れ、以下に記しておく。いずれも悠揚（ゆうよう）迫らざる重厚感と均整美が感じられる。

Chassez le naturel, / il revient au galop.〔n° 45〕
La raison du plus fort / est toujours la meilleure.〔n° 39〕
La valeur n'attend pas / le nombre des années.〔n° 41〕
On a souvent besoin / d'un plus petit que soi.〔n° 40〕
Qui veut voyager loin / ménage sa monture.〔n° 16〕
Rien ne sert de courir, / il faut partir à point.〔n° 1〕
Tant va la cruche à l'eau / qu'à la fin elle se casse.〔n° 25〕

第2章

苔むす智慧

〔17〕Pierre qui roule n'amasse pas mousse.

ころがる石は苔(こけ)を蓄えない

【意味】転職や転居を繰り返していると財産を蓄えられない。

【用法】一か所に腰を落ちつける重要性を説く。「じっくり取り組みなさい」という意味でも使われ、「石の上にも三年」にも通じる。

【ポイント】「苔(こけ)」は財産の比喩で、美しいものとイメージされている。ただし、現代ではむしろ動きまわった方が成功する場合が多いので、古人の教えが現代には通用しない典型例とされることもある。

【反】Les voyages forment la jeunesse.（旅が若者を形作る）〔＝かわいい子には旅をさせよ〕

【用例】« J'ai vu Pierre au village hier, que devient-il ?

— Eh bien, après être monté à Paris faire ses études, il a passé ces dix dernières années à voyager. À court d'argent, il retourne maintenant vivre chez ses parents.

— Sa vie aventureuse ne lui a pas permis d'accumuler beaucoup de biens. Exactement comme le dit le proverbe.

— Quel proverbe ?

— Celui qui dit que pierre qui roule n'amasse pas mousse !

— C'est bien dit, ha ! ha ! »（「昨日、村でピエールを見かけたけれど、いま、何してるの？」「パリに出て勉強して、ここ10年は各地を転々としていたんだ。お金がなくなって実家に戻ってきたというわけさ。」「波乱の人生を送っても、あまり財産は蓄えられなかったのね。ことわざにいうとおりだわ。」「何のことわざ？」「ころがる石(ピエール)は苔を蓄えない。」「うまいこと言うな、ははは。」）

〔18〕Paris ne s'est pas fait en un jour.

パリは一日にしてならず

【意味】 大きな仕事を成し遂げるには、長い時間が必要だ。

【用法】「何ごとも一朝一夕にはできないのだから、じっくり腰を据えて取り組みなさい」というアドバイスとして使われる。

【ポイント】 最初はシテ島（セーヌ川の中洲）周辺だけだったパリが、古地図の変遷を見ればわかるように、時代とともに徐々にセーヌ川の右岸と左岸に広がっていき、近代的なパリの街並みができるまでには長い歳月を要した、というのがもとの意味。

【参考】 Rome ne s'est pas faite en un jour.（ローマは一日にしてならず）〔p.36〕の「ローマ」を「パリ」に置き換えて生まれた。なお、Parisは男性名詞、Romeは女性名詞扱いにされることが多いので、Rome が主語の場合は fait に e をつける。

【類】 Petit à petit, l'oiseau fait son nid.（少しずつ鳥は巣を作る）/ Patience et longueur de temps font plus que force ni que rage.（忍耐と長い時間は、力よりも怒りよりも多くのことをする）

【用例】 « Que se passe-t-il, tu as l'air triste ?
— Ça fait déjà deux mois que j'ai ouvert mon magasin et j'ai eu très peu de clients...
— Mais c'est normal ! Il faut du temps pour se faire connaître. Paris ne s'est pas fait en un jour ! »（「どうしたの？　浮かない顔をして。」「開店して２か月になるけれど、お客さんがほんの少ししか来ないんだ。」「それが普通よ。知ってもらうには時間がかかるから。パリは一日にしてならずよ！」）

〔19〕Il ne faut pas courir deux lièvres à la fois.

二兎（にと）を同時に追いかけてはならない

【意味】 二つのことを同時に行ってはならない。

【用法】「どちらも中途半端に終わって、ものにならない」という否定的なニュアンスを伴う。文脈によっては「二兎を同時に追いかける」は「二足のわらじを履く」に近くなることもある。

【ポイント】「兎（うさぎ）」という単語の語感から、無意識では「男が二人の女の尻を追いかける」イメージがあるとも指摘されている。

【参考】 ヨーロッパで15世紀頃から存在が確認されることわざで、Qui court deux lièvres n'en prend aucun.（二兎を追う者は一匹もつかまえない）という形もあるが頻度は少ない。日本では明治期になって漢文調で「二兎を追う者は一兎をも得ず」と訳された。

【類】 On ne peut être à la fois au four et au moulin.（かまどと粉ひき小屋に同時にいることはできない）〔n° 20〕

【用例】 « L'écriture de ton livre avance ?

— Pas beaucoup en ce moment... En plus du livre, je viens de me lancer dans la conception d'un site internet et ça me prend beaucoup de temps.

— Tu sais que le livre doit paraître dans deux mois ? Il ne faut pas courir deux lièvres à la fois, la création du site peut attendre... »

（「本の執筆は進んでいるの？」「今はあまり……。本に加えて、インターネットサイトの構想にも取りかかっていて、これが時間がかかるんだ。」「2か月後に本を出さないといけないんでしょ？　二兎を同時に追いかけてはならないわ。サイトの作成はいつでもできるんだから。」）

〔20〕 On ne peut être à la fois au four et au moulin.

かまどと粉ひき小屋に同時にいることはできない

【意味】 同時に二つのことをするのは無理だ。

【用法】 仕事中に何か他の仕事を頼まれた場合に、「今はこの仕事をしている最中だから、他のことはできない」ということを相手に伝えるために使われることが多い。

【ポイント】 とくに、現在やっている作業も同じ相手に頼まれたものである場合には使いやすい。

【参考】 中世に農民がパンを作るには、まず収穫した小麦を、水車または風車を利用した「粉ひき小屋」（＝水車小屋または風車小屋）に持っていって粉にした。次に、それを村共同の「パン焼き窯（がま）」に持っていって焼いた。ここから、粉ひき小屋とかまどは一対のものとしてイメージされることが多かった。

【類】 Il ne faut pas courir deux lièvres à la fois.（二兎を同時に追いかけてはならない）〔n° 19〕

【用例】 « Dis, papa, tu pourrais m’aider à faire mes devoirs au lieu de bricoler ?

— Pas maintenant, je suis en train de réparer tes bêtises. Je ne peux pas être en même temps au four et au moulin, occupe-toi de tes devoirs tout seul ! »（「ねえ、お父さん、日曜大工なんかやってないで、ぼくの宿題を手伝ってくれない？」「今はだめだ。今、おまえがへましたあとを直しているんだぞ。かまどと粉ひき小屋に同時にいることはできないんだ。宿題くらい自分で片づけろ。」）

〔21〕Qui trop embrasse mal étreint.

抱きかかえすぎる者はうまく抱きしめない

【意味】 一度に多くのことに着手する人は、何一つ成功させることができない。あれもこれもと欲張りすぎると、すべてを失ってしまう。

【用法】 日本の「あぶ蜂とらず」に近い。

【ポイント】 embrasser は現在では「キスをする」という意味が一般的だが、昔は「抱きかかえる」または比喩的に「企てる」（entreprendre）の意味で使われた。つまり「多くのことを企てすぎる者は」というのが本来の意味。

【参考】 言葉遊びでは、Qui trop embrasse manque le train.（キスをしすぎる者は列車を逃がす）が有名（プラットフォームで別れを惜しんでキスをしているうちに列車が出発してしまうイメージ）。

【類】 Il ne faut pas courir deux lièvres à la fois.（二兎を同時に追いかけてはならない）〔n° 19〕

【用例】 « Et toi, qu'est-ce que tu vas étudier à l'université ?

— Je compte étudier, professeur, l'histoire de Florence et celle du duché de Bourgogne, sans oublier la vie de Jeanne d'Arc.

— Attention, qui trop embrasse mal étreint. Il vaut mieux délimiter ton sujet. »（「君は大学で何を学びたいんだね？」「先生、私はフィレンツェの歴史と、ブルゴーニュ公国の歴史、それからジャンヌ・ダルクの生涯についても研究したいと思っています。」「おやおや、抱きかかえすぎる者はうまく抱きしめない、だ。テーマを絞った方がいいな。」）

〔22〕Un tiens vaut mieux que deux tu l’auras.

１つの「はいどうぞ」のほうが２つの「いずれ手に入るよ」よりもよい

【意味】 あとで２つあげると約束されるより、今１つもらっておいたほうがよい。不確実な２つよりも確実な１つのほうがよい。

【用法】 日本の「明日の百より今日の五十」と同様、忠告として使われる。

【ポイント】「tiens」は物をあげるときに使う「はい」という意味の間投詞だが、ここでは「tu l’auras」とともに名詞扱いになっている。

【参考】 ラ・フォンテーヌ『寓話』第５巻第３話「小さな魚と釣り人」で有名になった。これは、釣り上げられた小さい魚が、もっと大きくなってから釣ったほうが食べごたえがあるから、いったん逃がしてくれと釣り人に頼むが、聞き入れられなかった、という話。

【類】 Mieux vaut tenir que courir.（追いかけるよりも持っていたほうがよい）

【用例】 « Un acquéreur me propose d’acheter ma maison mise en vente, mais si j’attends plus longtemps, un autre acheteur pourrait me faire une proposition plus intéressante.

— Rien n’est moins sûr. À ta place j’accepterais car un tiens vaut mieux que deux tu l’auras. »（「売りに出した私の家を、ある買い主が買おうと言っているんだけれど、もう少し待っていれば、他の買い主がもっといい提案をしてくるかもしれないと思うんだ。」「それはどうかしらね。私だったら受け入れるけれど。１つの『はいどうぞ』のほうが２つの『いずれ手に入るよ』よりもいいのだから。」）

〔23〕C'est en forgeant qu'on devient forgeron.

鉄を鍛えながらこそ人は鍛冶屋になる

【意味】 繰り返し練習することによって、熟練の技は習得される。

【用法】 努力を嫌がる人に対して、続けていればうまくなるから頑張れと励ますために使ったり、新しい仕事を始めたばかりなのに、もう一人前のつもりでいる人に対して、もっと謙虚になるように諭(さと)すために使ったりする。

【ポイント】 日本の「習うより慣れろ」は「理論よりも実践が大切だ」という意味あいがあるが、このフランス語のことわざは必ずしも理論と対比されるわけではない。

【参考】 もとになったラテン語では、「物を作る」と「鉄を鍛える」、「職人」と「鍛冶屋」を同じ単語で表すことから、このことわざが生まれた。しかし、そうしたことを抜きにしても、「鉄を鍛える」というイメージは「こつこつと繰り返しながら仕事を覚える」ことの比喩として違和感がない。

【類】 Paris ne s'est pas fait en un jour.（パリは一日にしてならず）〔n° 18〕〔熟練の技は一朝一夕では身につかないという点で共通する〕

【用例】 « Tu dessines merveilleusement bien. Tu es très doué !
— En fait, c'est surtout parce que je me suis beaucoup entraîné. J'ai copié des dessins pendant des heures et des heures, car c'est en forgeant qu'on devient forgeron. »（「あなた、見事なデッサンを描くのね。才能があるのね。」「いや、というよりも、たくさん練習したからなんだよ。何時間も何時間も、ひたすら模写するんだ。鉄を鍛えながらこそ人は鍛冶屋になるんだよ。」）

〔24〕Il faut battre le fer pendant qu'il est chaud.

鉄は熱いうちに打て

【意味】チャンスが到来したら、速やかに行動に移すべきだ。物事がうまくいき始めたら、手を緩めずにどんどん進めていくべきだ。

【用法】熱した鉄が冷めるのは早いように、ぐずぐずしていると状況が変わってしまうから、すぐに行動に移せ、という意味で使われる。日本の「好機逸するべからず」、「善は急げ」に近い。

【ポイント】古代ローマから存在することわざで、日本でも「鉄は熱いうちに打て」と訳されて有名。ただし、日本では「年を取ると頭が固くなるから頭の柔らかい若いうちに鍛錬せよ」という意味で使われることも多いので注意が必要。

【参考】後半は quand il est chaud や tant qu'il est chaud とも言う。

【類】L'occasion est chauve.（チャンスの女神は禿(は)げ頭）〔古〕

【用例】« Et ta recherche d'emploi, ça marche ?

— Oui… et non… Hier, j'ai rencontré un ancien ami. Il m'a dit qu'il pouvait me présenter à une de ses connaissances qui travaille à l'usine. Qu'en penses-tu ?

— Mais qu'est-ce que tu attends ? Reprends immédiatement contact avec lui pour qu'il te présente à cette personne ! Il faut battre le fer pendant qu'il est chaud ! »（「それで、職探しはうまくいってるの？」「うん、いや……。きのう、昔の友人に会ってね。工場で働いている知り合いに紹介できるって言うんだけれど、どう思う？」「何をぐずぐずしているのよ。すぐに連絡を取って、紹介してもらいなさい。鉄は熱いうちに打てよ！」）

〔25〕Tant va la cruche à l'eau qu'à la fin elle se casse.

甕(かめ)を何度も水汲みに持って行くとついには割れる

【意味】 あまり頻繁に同じ危険や間違いを犯して、危ない橋を渡っていると、ついには身を滅ぼすことになる。

【用法】 同じ危険や間違い、悪事を重ねていることを自覚しつつ、大丈夫だろうとたかをくくっている人に対し、「そんなことを続けていると、いつかは代償を支払うはめに陥るぞ」という警告の意味で使われることが多い。なお、物について「あまり酷使するとだめになる」という意味で使うこともある。

【ポイント】 水甕(みずがめ)(壺)を持って、岩などの多い水場に水を汲みにいくイメージなので、自然と磨耗して壊れるというよりも、うっかり何かの拍子でぶつけて壊すというのが本来のイメージ。

【参考】 同じ間違いが数回までなら許されるという点では、日本の「仏の顔も三度まで」に通じる。モリエールの劇『ドン・ジュアン』第5幕第2場とボーマルシェの劇『フィガロの結婚』第1幕第11場で使われ、ことわざの知名度が上がった。

【用例】 « Tu roules beaucoup trop vite. Pour l'instant, tu as toujours eu de la chance, mais attention, tu vas finir par te faire attraper par les gendarmes car tant va la cruche à l'eau qu'à la fin elle se casse... »

(「おまえ、車を飛ばしすぎだぞ。いままでは運がよかったけれど、しまいには憲兵〔警察〕につかまるぞ。甕を何度も水汲みに持って行けばついには割れる、だ……」)

〔26〕Bien mal acquis ne profite jamais.

不正に得られた財産はけっしてためにならない

【意味】 文字どおりの意味で、日本の「悪銭身につかず」と同じ。

【用法】 盗みなど悪事によって利益を得た人に対し、一時的に得をしても、結局は露見して痛い目にあうことになるぞ、と警告するときによく使われる。

【ポイント】 比喩は使われていないが、そのぶん反対語の bien（良く）と mal（悪く）を連続して使うことで注意を惹きつけるという一種のレトリックが効いている。ただし bien はここでは名詞で「財産」の意味。

【参考】 旧約聖書『箴言（しんげん）』10･2 に出てくる。中世のフランソワ・ヴィヨンの『遺言詩集』（1461 年）の中のある詩は「悪銭は所詮（しょせん）身に附くものではない」（鈴木信太郎訳）という言葉で終わっており、その前後には盗んだ金が酒と女に消えていくさまが描かれていて、泥棒詩人ヴィヨンの苦い述懐となっている。

【用例】 « Le fils du voisin vient de se faire arrêter par la police !

— Ah bon bon ! Pourquoi ?

— Il paraît qu'il a volé une voiture. Il roulait tranquillement avec, il ne pensait pas se faire prendre.

— Il aurait pourtant dû savoir que bien mal acquis ne profite jamais... »（「お隣の息子さんが警察に逮捕されたんだって！」「あら、本当？　なんで？」「車を盗んだんだそうだよ。こっそり乗っていたから、つかまらないと思っていたんだって。」「でも、不正に得られた財産はけっしてためにならないと悟るべきだったわね。」）

〔27〕L' habit ne fait pas le moine.

服装が修道士を作るわけではない

【意味】 外見が立派そうに見える人でも、中身まで立派だとは限らない。人は見かけによらぬものだ。

【用法】 人について使われ、「偽善者」のイメージがある。

【ポイント】 habit には「服装」の他に「修道服」という意味もある。このことわざが生まれた中世には、修道士でありながら中身は欲得づくの腐敗した者も多く、質素倹約を説きながら自分は美食三昧など、人への説教と自分のする行為が異なる聖職者も多かったことが背景にある。

【参考】 このことわざをもじって肯定文にすると L' habit fait le moine.（服装が修道士を作る）となる。この場合は「服装も大切だ」という意味になり、日本の「馬子（まご）にも衣裳」に近くなる。

【類】 Tout ce qui brille n'est pas or.（光るもの必ずしも金ならず）〔n° 28〕

【用例】 « Tu te souviens du gentil papi qui avait emménagé à côté de chez moi ?

— Oui, il était si sympathique ! Toujours prêt à rendre service…

— Figure-toi qu'on vient de l'arrêter ! Il profitait de l'absence de ses voisins pour s'introduire chez eux et les voler ! En définitive, l'habit ne fait pas le moine... »（「私の隣に引っ越してきた親切なお爺さんのこと、覚えている？」「ええ、とても感じのいい人だったわね。なんでも手伝ってくれてね……」「実はあの人、逮捕されたんだって！近所の人が留守にしているすきに入り込んで盗みを働いていたんだって！　結局、服装が修道士を作るわけではないのね……」）

〔28〕Tout ce qui brille n'est pas or.

すべての輝くものが金(きん)ではない／光るもの必ずしも金ならず

【意味】 見かけがよくても中身までよいとは限らない。外見はあてにならない。

【用法】 一見すると金(きん)でできているように見えても、実際はメッキをしただけにすぎないことが多い、というイメージ。人についても物についても使われる。

【ポイント】 tout（すべての）を ne... pas（……ない）と組み合わせることによる部分否定。

【類】 L'habit ne fait pas le moine.（服装が修道士を作るわけではない）〔n° 27〕と同様に中世以来よく使われ、外見で判断することを戒めることわざの双璧となっている。その他、Les apparences sont souvent trompeuses.（外見はしばしば人をあざむく）や Il ne faut pas se fier aux apparences.（外見を信用してはならない）がある。「見かけを信用してはならない」という点では Il faut se méfier de l'eau qui dort.（眠っている水には用心する必要がある）〔＝一見おとなしそうな人のほうが油断がならない〕にも通じる。

【反】 La première impression est toujours la bonne.（第一印象はつねに正しい）

【用例】 « Méfie-toi de lui. Il paraît gentil, mais ce n'est qu'une apparence. Au fond, il est très rusé. Tout ce qui brille n'est pas or ! »（「あの男には気をつけな。優しそうに見えるけれど、あれは見かけにすぎないよ。実際はとてもずる賢いんだから。すべての輝くものが金ではないんだよ。」）

〔29〕Une fois n'est pas coutume.

一回は習慣ではない

【意味】 一度だけなら癖にはならない。今回は特別だ。

【用法】 規則を破るときの言いわけとして使われる。たとえばダイエット中に甘いものを食べる場合に「たまにはいいか」という意味でこのことわざを口にする。あるいは、相手に特別に許可を与える場合に「今回だけだぞ」という意味で使う。もっと軽く、「今回はいつもと違って」「ちょっと気分を変えて」くらいの意味で使われることもある。

【参考】 法律学の古典アントワーヌ・ロワゼル『慣習法提要』(1607年)で取り上げられて有名になった。「慣習法」とは、法律の条文として明文化されているわけではないが、法としての効力を有する慣習のことを指す。この文脈でいうと、「一度しか起こらなかったことを慣習法だと主張することはできない」という意味。

【類】 Une hirondelle ne fait pas le printemps.(一羽の燕では春にならない)〔n° 14〕

【用例】 « Écoute, ce restaurant est un peu trop cher !

— Mais aujourd'hui c'est notre anniversaire de mariage, mon chéri. C'est une fois par an !

— Tu as raison. Une fois n'est pas coutume ! »(「おい、このレストランはちょっと高すぎるよ。」「でも今日は私たちの結婚記念日じゃないの、あなた。一年に一回でしょ。」「それもそうだな。一度だけなら癖にはならないか。」)

〔30〕faire d'une pierre deux coups

一つの石で二つを打つ

【意味】一つの行為によって二つの成果を挙げる。日本の「一石二鳥」と同じ。

【用法】文中で使う場合は faire を主語にあわせて変化させる。faire を抜かして d'une pierre deux coups とすると「一石二打」という意味になり、四字熟語らしくなる。

【ポイント】「文」になっていないので、「ことわざ」ではなく「成句」と呼ぶべきかもしれない。もじって faire d'une pierre trois coups（一石三鳥）などと言うことも可能。

【参考】英語では to kill two birds with one stone（一つの石で二羽の鳥を殺す）といい、これが明治になって「一石二鳥」と訳された。フランス語では残念ながら「鳥」は出てこない。

【反】Il ne faut pas courir deux lièvres à la fois.（二兎を同時に追いかけてはならない）〔n° 19〕

【用例】« Aujourd'hui je suis passé au marché, c'était Marion, la fille du boulanger qui vendait. J'ai profité de l'achat d'une baguette pour l'inviter au bal du 14 Juillet !

— Tu as fait d'une pierre deux coups, mon fils ! Ha ! Ha ! Ha ! »

（「今日、市場に寄ったら、パン屋の娘のマリオンが売っていたんだ。バゲットを１つ買うついでに、７月14日〔フランス革命記念日〕の踊りに彼女を誘ったんだ。」「一つの石でうまいこと二つ打ったな、おまえ。ははは！」）

〔31〕Jamais deux sans trois.

3なしに絶対に2はない

【意味】 二回起きたことは三回起きるものだ。

【用法】 物事が三回起きたときに、「またか、ことわざの通りだな」という感じで使うことが多い。

【ポイント】 よい出来事についても、悪い出来事についても使う。

【参考】 日本の「二度あることは三度ある」にほぼ相当するが、フランス語のことわざでは「度」や「回」に相当する言葉がない。

【反】 Une fois n'est pas coutume.（一回は習慣ではない）〔n° 29〕/ Une hirondelle ne fait pas le printemps.（一羽の燕は春を作らない）〔n° 14〕なお、以上のことわざを信じるなら（つまり一回きりでは習慣にならず、一羽だけでは春にはならないが、二度あることは三度あるのだとすると）、物事は1回きりか3回以上かどちらかであり、2回だけということはありえないことになる。

【類】 Un malheur ne vient jamais seul.（不幸はけっして単独ではやって来ない）〔＝不幸は不幸を呼ぶ〕

【用例】 « Je viens d'apprendre que Paul divorce !

— Encore ! Mais il a déjà divorcé deux fois !

— Eh oui… Mais comme on dit, jamais deux sans trois ! »

（「さっき聞いたんだけれど、ポールが離婚するんだってさ。」「また？もう2回も離婚しているのにね。」「本当だよ、でも『二度あることは三度ある』っていうからな。」）

〔32〕Tous les chemins mènent à Rome.

すべての道はローマに通ず

【意味】 どの道を通っても結局はローマに行けるように、ある目標へはいろいろな手段や方法によって到達することができる。

【用法】「道」は手段や方法、「ローマ」は目標のことだと解釈して、比喩的に使われることも多いが、即物的な意味に受け取り、異なるルートを経てある場所に行くという文脈で使われることも多い。

【ポイント】 即興で、「ローマに」を「パリに」à Paris や「幸福に」au bonheur など他の言葉に置きかえて使うことも可能。

【参考】 この「道」は、本来はキリスト教の聖地ローマに向かう巡礼道を指し、「天国にいたる道は一つではない」という意味で使われていたと思われる（次ページのコラムを参照）。

【用例 1】 « Tiens, tu es passé par Compiègne pour aller à Paris ?
— Oui, ça n'est pas le chemin le plus rapide mais, après tout, tous les chemins mènent à Rome... »（「おや、パリに行くのにコンピエーニュを通って行ったの？」「うん、それが一番早道というわけではないけれど、まあ結局、すべての道はローマに通じるからね。」）

【用例 2】 Certains partis politiques sont pour l'augmentation des impôts tandis que d'autres sont contre. Mais tous ont un but commun : redresser l'économie du pays. Au final, tous les chemins mènent à Rome.（増税に賛成な政党もあれば、反対な政党もある。しかし、どの政党も、この国の経済を立て直すという共通の目的を持っている。結局のところ、すべての道はローマに通じるのだ。）

コラム－歴史家による都合のよい解釈

歴史家が古代ローマ史を説明しやすくするために、いわば我田引水(がでんいんすい)によって都合よく解釈したものが非常に的を射ていたために、その意味の方が有名になってしまったことわざを2つ取り上げておきたい。

まず、「**すべての道はローマに通ず**」〔n° 32〕は、古代ローマではローマを中心として四方八方に立派な街道が整備されていたことを示す言葉として、よく引き合いに出される。しかし、このことわざの文献上の初出は12世紀であり、そこではキリスト教の聖地ローマに向かう巡礼道という意味で「道」という言葉が使われている。またラ・フォンテーヌ『寓話』の末尾に収められた話でも、「どの手段によっても魂の救済という同じ目的に達することができる」という意味で使われている。つまり、本来は古代ローマの繁栄をイメージしたことわざではなく、中世以降のキリスト教の文脈で「天国にいたる道は一つではない」という意味で使われていたと考えられる。

また、「**ローマは一日にしてならず**」は、西洋史の本では「ローマ帝国が広大な領土となるまでには長い歳月を要した」ことの比喩としてよく用いられる。しかし、「ローマ」は本来はローマ帝国ではなく都市ローマを指す。フランス語では「パリは一日にしてならず」〔n° 18〕、ロシア語では「モスクワは一日にしてならず」と言うことを見ても、「ローマ」が国名ではなく都市名であることは明らかである。「ローマは一日にしてならず」も12世紀後半のフランス語の文献が初出であり、中世に巡礼者がローマ教皇のお膝元として繁栄するローマの街並みを見た感想として生まれた言葉だったのではないかと想像される。

第3章

達観と諦念

〔33〕Les jours se suivent et ne se ressemblent pas.

日々は続けど互いに似たらず

【意味】太陽が昇って沈むという自然界の営みは毎日同じだが、人間界ではいろいろな出来事が起こるので、まったく同じ日というものは存在しない。

【用法】状況や境遇が日々変化しているときに使われる。

【ポイント】逆に、単調な生活を送っている場合は、もじって後半を肯定文にすることもある。また、接続詞 et（そして）の代わりに mais（しかし）を使うことも多い。

【参考】漢詩の「年年歳歳花相似たり、歳歳年年人同じからず」を思わせる。

【用例】« J'ai changé de poste et maintenant je travaille en Afrique. Quel changement ! Tous les jours j'en apprends un peu plus sur ce pays, je découvre de nouveaux endroits et de nouvelles personnes. Les jours se suivent et ne se ressemblent pas. Et toi, qu'est-ce que tu fais ?

— Je suis toujours fonctionnaire. Pour moi, c'est l'inverse, je fais tous les jours la même chose, c'est l'ennui total : les jours se suivent et se ressemblent. »（「ぼくは転勤になって、今はアフリカで働いているんだ。何という変わりようだろう。毎日この土地についての知識が少し増えて、新しい場所や新しい人と出会っているんだ。日々は続けど互いに似たらず、だ。君はどうしているの？」「あい変わらずの公務員だよ。ぼくの場合は反対で、毎日同じだよ。まったく退屈さ。日々は続いて互いに似たり、だ。」）

〔34〕À quelque chose malheur est bon.

何かにとっては不幸もよい

【意味】不幸なことも、他のこととの関係で見れば（視点を変えて他の角度から見れば）、むしろよいことだと考えられる場合もある。

【用法】そのときは不幸だと感じても、あとから見れば、かえってよかった場合などに使われる。

【ポイント】日本の「不幸中の幸い」とは少しずれる。むしろ「吉凶はあざなえる縄のごとし」、「人間万事塞翁(さいおう)が馬」、「禍(わざわい)転じて福となす」などに近い。

【類】Le malheur des uns fait le bonheur des autres.（ある人々の不幸は他の人々の幸福）〔＝同一の事柄がある人々にとっては不幸となり、他の人々にとっては幸福となる〕

【用例】« J'ai été hospitalisée pendant un mois pour un accident de voiture, mais cela m'a permis de faire connaissance avec un malade du même hôpital. Et ce malade est devenu mon mari.
À quelque chose malheur est bon ! »
（「自動車事故で１か月間、入院していたんだけれど、そのおかげで同じ病院の患者と知り合うことができたの。それが今の夫なのよ。何かにとっては不幸もよいのね。」）

〔35〕Il n'y a pas de roses sans épines.

とげのない薔薇（ばら）はない

【意味】苦しみのない喜びはない。良いことずくめのものはない。

【用法】日本の「楽あれば苦あり」と同様、「苦労を伴わずに喜びは得られない」という意味で使われる。とくに、「薔薇」のもつイメージから、「甘美な恋愛にも苦しみが伴う」という場合に使われることがある。また、「薔薇」を美女の比喩と取り、外見が美しくても「欠点のない完璧な女性はいない」という意味で使われたり、一般に「長所だけではなく短所も伴う」場合にも使われる。

【参考】ことわざではないが似た表現として　Tout n'est pas rose.（すべてが薔薇色ではない）〔＝人生よいことばかりではない〕や voir la vie en rose（人生を薔薇色に見る）〔＝人生を楽観視する〕がある。また、キリスト教では伝統的に聖母マリアを「とげのない薔薇」rose sans épines にたとえることがある。

【類】Toute médaille a son revers.（どのメダルにも裏がある）

【用例】« Ça y est, je viens de trouver le travail de mes rêves. Il est très intéressant et bien payé. Par contre, je dois malheureusement m'éloigner de mes parents. Il n'y a pas de roses sans épines... »（「やったわ、念願の仕事が見つかったわ。とても面白い仕事で、給料もいいの。その代わり、残念ながら両親とは離ればなれになってしまうけれど。とげのない薔薇はないからね……」）

〔36〕Avec des « si » on mettrait Paris en bouteille.

いくつもの「もし」を使えばパリだって瓶に入れられる

【意味】 いくつも仮定を積み重ねるなら、何でも可能になる。

【用法】 ある人が「もし……だったらなあ」と馬鹿げた空想をした時に、すかさずこのことわざを口にするのが典型的な使い方。「空想なら何とでも言えるさ」という感じになる。

【ポイント】 mettrait は mettre（置く、入れる）の条件法現在で、いわゆる「現在の事実に反する仮定」。

【参考】 飲み屋のカウンターで、酔っ払って「パリだって（酒の）瓶の中に入れてやる」と豪語している客の言葉から、このことわざが生まれたとする俗説もある。

【類】 Si le ciel tombait, il y aurait bien des alouettes prises.（もし空が落ちたとしたら、多くの雲雀（ひばり）がつかまえられるだろう）〔古〕

【用例】 « Tu sais, j'ai rencontré Paul la semaine dernière. Il avait une magnifique voiture et était tellement bien habillé. Ah, si j'avais été moins sotte, je l'aurais épousé et serais aujourd'hui milliardaire, mais voilà, avec des "si" on mettrait Paris en bouteille. »（「ねえ、先週、ポールと会ったのよ。すごい車に乗って、とてもいい服を着ていたわ。ああ、もし私がもっと利口だったら、あの人と結婚して、今頃は億万長者になっていたのにね。あらいけない、いくつもの『もし』を使えばパリだって瓶に入れられるわよね。」）

〔37〕Loin des yeux, loin du cœur.

目から遠くに、心から遠くに

【意味】 愛する人が目の前からいなくなると、愛情は薄れるものだ。

【用法】 友人・知人の間でも使われるが、とくに男女間の恋愛関係について用いられることが多い。

【ポイント】 日本の「去る者は日々に疎(うと)し」に似ているが、日本のことわざは友人・知人間など、恋愛以外の人間関係について使われることが多いという点で異なる。

【反】 Loin des yeux, près du cœur.（目から遠くに、心の近くに）〔こちらは「愛する人が目の前からいなくなると、ますます恋しくなる」という意味。項目のことわざの後半部分をもじって作られたようにも見えるが、実は loin du cœur（心から遠くに）と同じくらい古くから確認されるので、もともと二つのバージョンがあったといえる。この「心の近くに」のほうが好きだという人も多い〕

【用例】 « Cela fait bientôt trois mois que ton fiancé a été muté à cent kilomètres. On dit souvent : “loin des yeux, loin du cœur”, il ne te manque pas trop ?

— Oui bien sûr, mais il revient tous les week-ends et on s’aime tellement que pour nous c’est plutôt “loin des yeux, près du cœur.” »（「あなたの婚約者が 100 km 離れたところに転勤になって、もうすぐ３か月になるわね。よく『目から遠くに、心から遠くに』っていうけれど、淋しいんじゃないの？」「ええ、もちろん。でも、週末はいつも戻ってきてくれるし、とても仲がいいから、むしろ私たちの場合は『目から遠くに、心の近くに』だわ。」）

〔38〕Souvent femme varie, bien fol est qui s'y fie.

しばしば女は心変わりする、女を信じる者は大馬鹿だ

【意味】女心は変わりやすい。日本の「女心と秋の空」〔＝女心と秋の空はどちらも変わりやすい〕と同じ。

【用法】男性が使用する。やや女性蔑視のことわざ。

【ポイント】「femme」は古語法による無冠詞。「fol」は現代なら fou となる。後半部分を書き直すと celui qui s'y fie est bien fou. となる。

【参考】16 世紀の国王フランソワ一世が恋の駆け引きで苦い経験を味わい、シャンボール城（ロワール渓谷の古城）のガラス窓に指輪のダイヤモンドでこの言葉を刻んだという逸話が有名。ことわざというより、むしろフランソワ一世の名言として記憶されている。

【用例】« Salut les gars, vous allez bien ?

— Bonsoir Étienne. Je m'étonne de te voir venir jouer au poker, je te croyais à la plage avec Monique et les enfants.

— Monique a décidé au dernier moment d'aller chez ses parents cette semaine… et moi qui avais réservé une soirée dans un palace au bord de mer en tête à tête…

— Souvent femme varie, bien fol est qui s'y fie ! Ha ! Ha ! Ha ! »

（「やあみんな、元気かい。」「やあ、エティエンヌ。ポーカーをしに来たとは驚いたな。てっきり、奥さんやお子さんたちと海辺にいるのかと思っていたよ。」「モニックは土壇場になって今週は実家に帰ることにしたんだ。せっかく海沿いの高級ホテルで二人きりのディナーを予約しておいたんだがな……」「しばしば女は心変わりする、女を信じる者は大馬鹿だ。ははは。」）

〔39〕La raison du plus fort est toujours la meilleure.

最も強い者の理屈がつねに最もよい理屈

【意味】正しい者ではなく、力の強い者の言い分がまかり通るものだ。

【用法】武力の前では正義は無力だ、という文脈で使われる。

【ポイント】ラ・フォンテーヌ『寓話』第1巻第10話「狼（おおかみ）と仔羊（こひつじ）」に出てくる。これは、狼が言いがかりをつけて仔羊を食べようとすると、仔羊は正当な理由を挙げて反論するが、狼はさらに滅茶苦茶な言いがかりをつけて仔羊を食べてしまうという話。善良だが弱い羊を、悪者だが強い狼が食べるというイメージと切り離せない。

【類】Les gros poissons mangent les petits.（大きな魚が小さな魚を食べる）〔＝弱肉強食〕/ Mieux vaut plier que rompre.（折れるより曲がったほうがよい）〔＝長いものには巻かれろ〕/ La force prime le droit.（力は正義にまさる）

【反】On a souvent besoin d'un plus petit que soi.（人はしばしば自分より小さい者を必要とする）〔n° 40〕

【用例】« Il est vraiment intéressant, ce documentaire sur la savane africaine.

— Regarde ! Le lion vient d'attraper et de manger une jeune gazelle !

— Eh oui, dans la nature, la raison du plus fort est toujours la meilleure. »

（「このアフリカのサバンナのドキュメンタリーは本当におもしろいね。」「ほら、ライオンが幼いガゼルをつかまえて食べてしまったよ。」「うん、自然界では、最も強い者の理屈がつねに最もよい理屈だからね。」）

〔40〕On a souvent besoin d'un plus petit que soi.

人はしばしば自分より小さい者を必要とする

【意味】 自分よりも地位の低い人や弱い人に助けられることもあるものだ。

【用法】 職場などで、いつも偉そうにしている地位の高い人が、軽視していた人に思いがけず助けられたときに使ったり、それを見ていた人が皮肉を込めて使ったりする。

【参考】 イソップ寓話に由来するラ・フォンテーヌの『寓話』第2巻第11話「ライオンと鼠（ねずみ）」に出てくる。これは、ライオンが罠にかかっているのを見た鼠が網を食いちぎり、助けてやったという話。これ以後、ラ・フォンテーヌが12音節（アレクサンドラン）で書いたままの形で定着している。

【類】 Il n'y a pas de sot métier, il n'y a que de sottes gens.（愚かな職業などない、愚かな人がいるだけだ）

【反】 La raison du plus fort est toujours la meilleure.（最も強い者の理屈がつねに最もよい理屈）〔n° 39〕

【用例】 « Tu as retrouvé ton verre de contact ?

— Oui, il était coincé sous ma commode mais je n'arrivais pas à y passer la main. Ma sœur par contre a réussi à l'attraper facilement. On a souvent besoin d'un plus petit que soi ! »

（「コンタクトレンズ、見つかったの？」「うん、たんすの下に挟まっていたんだけれど、手が届かなかったんだ。でも妹が簡単に取ってくれたんだ。人はしばしば自分より小さい者を必要とするんだなあ。」）

〔41〕La valeur n'attend pas le nombre des années.

才能は年の数を待たない

【意味】才能のある人は若いうちからすごい。年を取ればよいというものではない。才能と年齢は関係ない。

【用法】まだ若いのにすごいことをする人や、大人顔負けの子供について使われる。日本の「栴檀は双葉より芳し」〔＝白壇は双葉の頃から香気がある〕に近い。

【ポイント】コルネイユ『ル・シッド』（1637年）第2幕第2場で、決闘の相手としては若すぎると見なされた主人公が、「年をとればいいというものじゃない、武勇は年の数とは関係ないんだ」という意味で発した言葉が有名になり、そのまま「ことわざ化」した。

【参考】valeurは劇中では「勇気、勇敢さ」という意味だが、今ではこの意味はすたれ、一般には「才能、能力」の意味に理解されている。なお、劇の中では、直前が「aux âmes bien nées」（高貴な生まれの者にとっては）となっており、これも一緒に引用することもある。

【反】C'est dans les vieux pots qu'on fait les meilleures soupes.（古い鍋でこそ一番おいしいスープは作られる）〔n° 99〕

【用例】« Cette patineuse n'a encore que douze ans, mais elle saute merveilleusement bien.

— La valeur n'attend pas le nombre des années. »（「あのスケート選手はまだ12才なのに、すばらしいジャンプをするね。」「才能は多くの年月を待たないんだねえ。」）

〔42〕Des goûts et des couleurs, il ne faut pas discuter.

趣味と色については議論してはならない

【意味】 人の趣味や嗜好、意見、考え方はさまざまだ。

【用法】 理解しがたい変わった趣味の人を見て、「ずいぶん変わったものを好む人もいるものだ」と、あきれた感じで使うことが多い。

【ポイント】 通常の語順だと Des goûts et des couleurs は文末にくる。

【参考】 goût には「趣味」の他に「味覚」という意味もあるので、「味の好みはいろいろだ」という意味も込められており、日本の「蓼(たで)喰う虫も好き好き」に通じる。なぜ couleurs（色）なのかはわかりにくいが、couleur はここでは「色」ではなく「意見」という意味だとも指摘されている。日本語だと、「十人十色」、いろいろな色があって当然で、なんとなく納得してしまうのだが……

【類】 Tous les goûts sont dans la nature.（自然の中にはあらゆる趣味がある）/ Chacun a son goût. [Chacun ses goûts.]（各人それぞれ好みがある）/ Autant de têtes, autant d'avis.（頭の数だけ意見がある）

【用例】 « Je ne comprends pas du tout pourquoi mon mari apprécie tellement ce tableau de Kandinsky. Je ne vois que des formes colorées.

— Mais c'est un peintre très apprécié. Et puis de toute façon, des goûts et des couleurs, il ne faut pas discuter ! »（「なぜ主人があんなにカンディンスキーの絵がいいと思っているのか全然理解できないわ。いろんな形に色がついているだけの気がするんだけれど。」「でも非常に評価されている画家だよ。それに、結局、趣味と色については議論してはならないからね。」）

〔43〕Nul n'est prophète en son pays.

誰も自分の故郷では預言者ではない／預言者郷里(きょうり)に容(い)れられず

【意味】偉大な人は、往々にして自分の故郷では成功しないものだ。

【用法】身近な人々からは長所が認識されにくい場合に使われる。

【参考】新約聖書に出てくるイエスの言葉に由来する。イエスは故郷に帰ったときに人々から「たかが大工の子供ではないか」と軽く見られ、敬意を払われなかったことを受け、「預言者は自分の故郷では歓迎されないものだ」(『ルカによる福音書』4・24) と語ったと伝えられている。

【用例 1】Le roman allemand *À l'Ouest, rien de nouveau* a été interdit en Allemagne avec la montée du nazisme, mais il a été apprécié un peu partout dans le reste du monde. Comme quoi, nul n'est prophète en son pays.（ドイツの小説『西部戦線異状なし』は、ナチスの擡頭(たいとう)とともにドイツでは禁書となったが、世界の他の多くの国では高く評価された。このように、預言者は郷里に容れられないものなのだ。）

【用例 2】« J'ai lu ce matin un article de deux pages signé Paul Durand dans le journal *Le Monde* de Paris.

— Le fils Durand qui n'a pas été embauché par la presse régionale ?

— Lui-même. Comme quoi, nul n'est prophète en son pays. »

(「今朝、パリの『ル・モンド』紙で、ポール・デュランという署名の入った２ページの記事を読んだんだよ。」「あの地元の新聞で雇ってもらえなかった、デュランのせがれかい？」「あいつだよ。やっぱり、預言者は郷里に容れられないものなんだなあ。」)

〔44〕Il faut rendre à César ce qui est à César.

カエサルのものはカエサルに返す必要がある

【意味】何でも本来の持ち主に返す必要がある。

【用法】「持ち主」を「本来の作者」という意味に取り、「他人の文章を引用するときは出典を明らかにする必要がある」という意味で使われることも多い。

【ポイント】命令形で Rendez à César ce qui est à César.（カエサルのものはカエサルに返せ）としたり、ce qui est à César の代わりに ce qui appartient à César とすることも多いが、意味は同じ。

【参考】新約聖書『マタイによる福音書』22・21 に出てくるイエスの言葉に由来する。「カエサル」はここでは「賽（さい）は投げられた」などの言葉で有名なユリウス・カエサル（ジュリアス・シーザー）ではなく、「ローマ皇帝」という意味の普通名詞なので、新共同訳聖書では「皇帝のものは皇帝に」と訳されている。

【用例】« Je ne peux pas croire que tu aies écrit toi-même ce passage.

— Vous avez raison, professeur. À vrai dire, je l'ai copié sur un site internet.

— Tu aurais dû le préciser... Il faut rendre à César ce qui est à César. »

（「この部分を君自身が書いたとは信じられないんだがなあ。」「おっしゃるとおりです、先生。実はインターネットサイトからコピーしました。」「きちんと断らないとな。カエサルのものはカエサルに返さないと。」）

〔45〕Chassez le naturel, il revient au galop.

生まれつきのものを追い払ってみたまえ、駆け足で戻ってくる

【意味】生まれつきの欠点を矯正・封印・排除しようとしても、ついつい現れてしまうものだ。人の本性は変えられない。

【用法】「趣味をやめたつもりでも、やはり元の趣味にはまってしまう」などの意味で使ったり、「生まれつきのもの」(le naturel) をもじって他の単語に置き換え、「〜と訣別しようと思っても、自然と戻ってきてしまう」といった意味で使うこともある。

【ポイント】努力しても無理だという運命論的なことわざなので、それが嫌いだという人もいる。日本の「三つ子の魂(たましい)百まで」に近い。

【類】L'habitude est une seconde nature.(習慣は第二の天性)〔=習慣は生まれつきの性質とほとんど変わらない〕

【用例】« Je suis angoissée, je dois faire un discours très important devant les actionnaires de l'entreprise.

— Pourtant je t'ai toujours trouvée à l'aise pendant les réunions de travail.

— C'est parce que je fais beaucoup d'efforts pour surmonter ma timidité. Mais cette fois, il y aura beaucoup plus de monde et tu sais ce qu'on dit, chassez le naturel, il revient au galop... »

(「不安だわ、会社の株主の前で重要な演説をしないといけないの。」「でも、仕事の会議のときはいつもリラックスしているように思っていたけれど。」「それは、内心は弱気なのを克服しようと、一生懸命努力しているからよ。でも今回は人が大勢だから。ほら、言うでしょう、生まれつきのものを追い払ってみたまえ、駆け足で戻ってくる、って……」)

〔46〕Dis-moi qui tu hantes, je te dirai qui tu es.

誰と交友しているか教えてくれ、君が誰だか言いあててみせよう

【意味】交友関係を見れば、どのような人かがわかる。

【用法】日本の「朱に交われば赤くなる」とほぼ同じ。

【ポイント】現代では「交友する」という意味には fréquenter が使われるので、Dis-moi qui tu fréquentes... とすることも多い。

【参考】応用範囲が広く、qui tu hantes（誰と交友しているか）の代わりに ce que tu lis（何を読んでいるのか）とすると「読書傾向でその人のことがわかる」という意味、comment tu écris（どう字を書くのか）とすると「筆跡で性格がわかる」という意味になる。

【類】Qui se ressemble s'assemble.（似た者は集まる）〔n° 47〕

【用例】« Hier j'ai vu le petit de Marc en compagnie de celui de Thierry, et ils étaient dans un piteux état. Je ne sais pas pourquoi Marc laisse son fils traîner avec ces voyous. Le petit de Marc était si gentil et sage, je ne comprends pas ce qui lui prend...
— Ne cherche pas de raison compliquée : Dis-moi qui tu hantes, je te dirai qui tu es ! »（「昨日、マルクの息子がティエリーの息子と一緒にいるのを見かけたんだけれど、二人ともひどい状態だったのよ。なぜマルクが息子をあんな不良たちとつきあわせているのか、わからないわ。マルクの息子はとても親切でお利口だったのに、どうしたんでしょう……」「難しい理屈を探したって無駄だよ。誰と交友しているか教えてくれ、君が誰だか言いあててみせよう、だ。」）

〔47〕Qui se ressemble s'assemble.

似た者は集まる

【意味】 似た趣味や性格の者どうしは自然と集まるものだ。

【用法】 日本の「類は友を呼ぶ」に近いが、友人だけでなく夫婦などについても使われる。皮肉な調子で使われることも多い。

【ポイント】 変わったところでは、整理整頓のコツなどの文脈で、「似た物は同じ場所に集めるとよい」という意味で使われることもある。

【参考】 複数のものが集まるのに、動詞が単数形であることに違和感を覚えるフランス人もいる。しかし、Qui は Celui qui と同様、単数扱いになるという文法の規則があるので、しかたがない。

【類】 Tel père, tel fils.（この父にしてこの息子あり）〔n° 48〕/ Dis-moi qui tu hantes, je te dirai qui tu es.（誰と交友しているか教えてくれ、君が誰だか言いあててみせよう）〔n° 46〕/ Les deux font la paire.（二人一組だ、二つでセットだ）〔＝どっちもどっちだ〕

【反】 Les contraires s'attirent. [Les opposés s'attirent.]（反対同士はひきつけあう）/ Les extrêmes se touchent.（両極端は相接(あいせっ)す）

【用例】 « Je viens de voir le fils de Marc et celui de Thierry partir à la pêche tous les deux ce matin à l'aube.

— Oui ? Eh bien, hier soir ils étaient tous les deux accrochés à la bouteille de vin toute la soirée... et sans parler des apéritifs !

— Qui se ressemble s'assemble ! »（「今朝、明け方、マルクの息子とティエリーの息子が二人で釣に出かけるのを見たよ。」「あら、そう。昨晩は二人とも一晩じゅうワインの瓶にしがみついていたわよ。もちろん食前酒もね。」「似た者は集まるだなあ。」）

〔48〕Tel père, tel fils.

この父にしてこの息子あり

【意味】息子は父に似る。

【用法】長所が似る場合にも、短所が似る場合にも使われる。日本の「瓜のつるに茄子はならぬ」や「蛙の子は蛙」に相当する。

【ポイント】直訳すると「このような父、このような息子」。もじって Telle mère, telle fille.（この母にしてこの娘あり）、Tel père, telle fille.（この父にしてこの娘あり）、Telle mère, tel fils.（この母にしてこの息子あり）ということも可能。

【参考】キリスト教の三位一体の教理を説いた「アタナシオス信条」の中にラテン語で Qualis Pater, talis Filius（御父のあり給う如く、御子もそのようであり……）という一節があり、これをふざけて使い出したのが始まりだとエラスムスは述べている。このことわざが何となくユーモラスな感じなのは、そのためかもしれない。

【類】Les chiens ne font pas des chats.（犬は猫を産まない）/ Bon sang ne saurait [ne peut] mentir.（よい血は嘘をつけない）〔血筋は争えぬ〕/ Tel maître, tel valet.（この主人にしてこの召使あり）/ Tel maître, tel chien.（この飼い主にしてこの犬あり）〔犬は飼い主に似る〕

【反】À père avare, fils prodigue.（けちな父親に放蕩息子）〔『ルカによる福音書』15 章による表現で、父と子が正反対の場合に使う〕

【用例】« Il n'est pas surprenant qu'il soit aussi grossier que son père. Tel père, tel fils. C'est héréditaire ! »（「あいつが父親と同じくらい無作法だとしても驚くには当たらない。この父にしてこの子あり。遺伝だよ！」）

〔49〕À chaque pot son couvercle.

どんな壺にもその蓋（ふた）

【意味】どんな女でも、お似合いの男が見つかるものだ。

【用法】男が見つからないで悩んでいる若い女に対して、「そのうち運命の人が見つかるよ」という慰めとして使ったりする。

【ポイント】pot は古語で「鍋（なべ）」を意味したが、現在では「壺（つぼ）」の意味。精神分析学的には鍋や壺は女性を表すので、女性について使うことが多い。日本の「破（わ）れ鍋に綴（と）じ蓋（ぶた）」とほぼ同じ。

【参考】Chaque pot a son couvercle.（どの壺も自分の蓋を持つ）ともいう。

【類】trouver chaussure à son pied（自分の足にあった靴をみつける）〔この成句も「自分にぴったりの女性をみつける」という似たような意味。ただし精神分析学的には「足」は男性、「靴」は女性を連想させるので、どちらかというと男性を主語として使うことが多い〕

【用例】« Je viens de recevoir le faire-part pour le mariage de Marie !

— À quarante ans !

— Eh oui, après tout ce temps à se lamenter de ne trouver personne, elle va enfin dire oui devant le maire ! Comme quoi, à chaque pot son couvercle ! »（「マリーから結婚通知を受けとったよ。」「40 才で！」「うん、誰も見つからないといって、ずっと嘆いていたのに、やっと市長の前で『はい』と言う〔＝結婚の宣誓をする〕ことになろうとはね。やっぱり『どんな壺にもその蓋』なんだね。」）

〔50〕C'est l'hôpital qui se moque de la Charité.

それは慈善病院をあざ笑う施療院だ

【意味】施療院にいる人が慈善病院にいる人をあざ笑うようなものだ。日本の「目くそ鼻くそを笑う」に同じ。

【用法】自分のことを棚にあげて人のことをばかにする人を、第三者の立場からみて皮肉を込めて使う。

【参考】hôpital（病院）はもとは「施療院」（中世に巡礼者を泊めたり貧者、孤児、老人などを受け入れた無料の施設）の意味。charité（慈善）は「愛徳」という意味もあり、ここでは愛徳を標榜する修道会が運営する「慈善病院」hôpital de la Charité を指す。

【類】C'est la paille et la poutre.（それは藁と梁だ）〔『マタイによる福音書』７・３「あなたは、兄弟の目にあるおが屑は見えるのに、なぜ自分の目の中の丸太に気づかないのか」の仏訳に由来〕

【用例】« Tu sais maman, aujourd'hui monsieur Raymond a regardé nos cahiers d'exercice sur la route de l'école et il s'est moqué de nous à cause des fautes d'orthographe de Louis.
— C'est l'hôpital qui se fout de la Charité ! Monsieur Raymond n'a pas été à l'école et fait toujours remplir ses documents officiels au voisin ! »（「ねえお母さん、今日学校に行く途中で、レイモンさんがぼくたちの練習帳を見て、ルイが綴りを間違っているって馬鹿にしたんだよ。」「それは慈善病院をあざ笑う施療院ってやつね。レイモンさんは学校に行ってないから、いつも正式な書類は隣の人に書いてもらっているくせにね。」）〔fout は moque の俗語〕

コラム－「ことわざ」と「成句」

日本ではことわざと成句（慣用表現）の区別は曖昧だが、フランスでは基本的には「ことわざ」proverbe と「成句」locution（「ことわざ的表現」expression proverbiale ともいう）は区別される（混同されることも多いが、一応の区別は存在する）。単純化すれば、「ことわざ」は「文」(つまり主語と動詞を備え、大文字で始まりピリオドで終わるもの)になっているものを指し、「成句」は文になっていないものを指す。たとえば「火中の栗を拾う」tirer les marrons du feu〔n° 9〕は「文」になっていないので、フランスでは通常は「成句」に分類される。

しかし、より本質的な区別は、「ことわざ」は「～する必要がある」、「～してはならない」、「A すると B する結果になる」などのように教訓や結論（価値判断）を含むものを指し、「成句」は単に状況を描写・説明するだけのものを指す。たとえば C'est l'hôpital qui se moque de la Charité.（それは慈善病院をあざ笑う施療院だ）〔n° 50〕は形式上は「文」になっているが、単に状況を描写しているだけなので、あくまで l'hôpital qui se moque de la Charité（慈善病院をあざ笑う施療院）という成句を C'est（それは～だ）と組み合わせたものと取るべきだともいえる。

ことわざと成句の区別は流動的な部分もある。たとえば Il ne faut pas vendre la peau de l'ours avant de l'avoir tué.（殺す前に熊の皮を売ってはならない）〔n° 7〕は「ことわざ」だが、Il a vendu la peau de l'ours avant de l'avoir tué.（彼は殺す前に熊の皮を売ったのだ）は状況説明なので、vendre la peau de l'ours avant de l'avoir tué.（殺す前に熊の皮を売る）という「成句」を過去形にして応用したものだということになる。

第4章

処世術と助言

〔51〕La parole est d'argent, le silence est d'or.

言葉は銀、沈黙は金

【意味】 言葉もよいが、沈黙はもっとよい。

【用法】 実際の会話では、後半だけが意味を持ち、単に「黙っていたほうがよい」という意味で使われることが多い。その場合、日本の「言わぬが花」に相当する。

【参考】 日本でも明治期に「雄弁は銀、沈黙は金」と訳され広まった。イギリスのトーマス・カーライル『衣装哲学』(1836年)に出てくるのが初出とされる。比較文化論の観点から、東洋では沈黙、西洋では雄弁が重んじられるので、このことわざは西洋の価値観にはそぐわないと指摘されることもある。しかし、カトリックでは言葉を超えた瞑想を重んじる伝統が存在し、旧約聖書『箴言(しんげん)』にも多弁を戒める言葉が多数並んでいる。カーライル自身も「言葉は人間のものであり、沈黙は神のものである」等と述べているので、東洋/西洋ではなく信仰/世俗という対立軸で捉えるべきだと思われる。

【類】 Il est bon de parler, et meilleur de se taire.(話すのはよいことだが、黙るのはもっとよい)

【用例】 « Je viens d'apprendre que Franck sort avec sa voisine ! Je vais vite appeler Cathy pour lui dire...

— Non, surtout pas ! Franck n'aimerait pas que tout le monde le sache. La parole est d'argent, le silence est d'or. »(「フランクが隣の女の子とデートするんだって！　早くカティーに電話して教えてあげましょう。」「だめよ、絶対に。フランクはみんなには知られたくないと思っているはずよ。雄弁は銀、沈黙は金。」)

〔52〕Il faut tourner sept fois sa langue dans sa bouche avant de parler.

話す前に口の中で七回舌を回す必要がある

【意味】よく考えてから物を言う必要がある。うっかり変なことを言って、あとで後悔しないようにする必要がある。

【用法】一時的な感情にまかせて、言わなくてもよいことを口走ってしまったときや、失言を繰り返す政治家などについて使う。日本の「口は災いの元」に近い。

【ポイント】「口の中で七回舌を回す」（tourner sept fois sa langue dans sa bouche）だけを取り出し、「よく考える」（bien réfléchir）と同じ意味の成句として使うこともできる。

【参考】旧約聖書『箴言』には、このことわざに似た、舌禍（ぜっか）を戒める言葉がいくつか出てくる。

【類】Trop gratter cuit, trop parler nuit.（掻きすぎるとひりひりする、しゃべりすぎると災いとなる）〔nuit は nuire（害を与える）の現在３人称単数〕

【用例】« Hier, quand ma fille m'a montré sa note de français, je me suis mis en colère. J'aurais dû plutôt tourner sept fois ma langue dans ma bouche et lui expliquer ensuite calmement l'importance de l'école. »（「昨日、娘にフランス語の成績を見せられて、怒ってしまったよ。むしろ、口の中で七回舌を回してから、冷静に学校の大切さを説明すべきだったなあ。」）

〔53〕Les paroles s'envolent, les écrits restent.

言葉は飛び去り、書かれたものは残る

【意味】 言葉と違って、書かれたものは証拠に残る。

【用法】 一般に、書面に残す際には慎重になりなさいという忠告として使われる。また、うまい約束を取りつけた人に対して、口約束だけでなく、きちんと書面に残してもらったほうがいいという助言として使われることもある。

【ポイント】 目の前にいる相手に対して「念のため書面に残してもらえませんか」と頼む場合に、このことわざを引き合いに出すことも多い。切り出しにくい話をする場合に、ことわざを使うことで話を円滑に進めることができる一つの例である。

【参考】 ラテン語のことわざ Verba volant, scripta manent.（フランス風の発音は「ヴェルバ・ヴォラント・スクリプタ・マネント」、ローマ古典期の発音は前半部分が「ウェルバ・ウォラント」）の仏訳。一種の外来語として、ラテン語のまま使われることも多い。

【用例】 « J'ai entière confiance en vous, mais comme on dit, les paroles s'envolent, les écrits restent. Que diriez-vous de laisser ce dont nous avons convenu par écrit ?

— Vous avez raison. On va rédiger un contrat. »（「あなたのことは完全に信用しておりますが、『言葉は飛び去り、書かれたものは残る』と申します。合意したことを文書に残そうと思いますが、いかがでしょうか。」「ごもっともです。契約書を作成しましょう。」）

〔54〕Les conseilleurs ne sont pas les payeurs.

助言者は支払うわけではない

【意味】ある行動を取るように助言する人は、その結果について代償を支払う（責任を取る）わけではない。

【用法】「脇から言うだけならいくらでも言える」、「責任を取りもしないくせに適当なことを言っている」といったニュアンスで使われる。

【ポイント】辞書には payeur は「お金を支払う人」と書かれているが、もとになった動詞 payer には「（金銭を）支払う」の他に、比喩的に「（自分の行為）の代償を払う（報いを受ける）」という意味もある。ただし、やはり金銭に関連する文脈で使われることも多く、その場合は「助言者がお金を出すわけではない」という意味も掛けて使われる。

【用例 1】« Tout le monde me dit qu'il faut changer de profession.
— Réfléchis bien et décide toi-même. Les conseilleurs ne sont pas les payeurs ! »（「皆、私に転職したほうがいいって言うんだよ。」「よく考えて自分自身で決めなさい。助言者は支払うわけではないのだから。」）

【用例 2】« Tout le monde me dit qu'il faut acheter cette action.
— Réfléchis bien et décide toi-même. Les conseilleurs ne sont pas les payeurs ! »（「皆、私にその株を買ったほうがいいって言うんだよ。」「よく考えて自分自身で決めなさい。助言者は支払うわけではないのだから。」）

〔55〕Les absents ont toujours tort.

欠席者はつねに間違っている

【意味】 その場にいない人は、つねに悪者扱いにされる。その場にいない人の利益は考慮されない。

【用法】 その場にいない人のことが多少気にかかる場合に、「いないほうが悪いのだから、あの人のことは考慮する必要はない」と気持ちの整理をつけるために使われることもある。

【ポイント】 toujours（つねに）は抜かすこともある。

【類】 Qui va à la chasse perd sa place.（狩に行く者は席を失う）〔n° 56〕/ Qui ne dit mot consent.（黙っている者は同意している）〔このことわざと組み合わせると、「出るべき席には出て、言うべきことがあれば言う必要がある」ということになる〕

【用例】 « Il paraît que c'est à cause d'Alain que nos projets ont échoué.
— Ce n'est qu'une rumeur. On l'a accusé alors qu'il est en voyage d'affaires depuis plusieurs semaines. Les absents ont toujours tort. »
（「私たちの計画が失敗したのはアランのせいだっていう話よ。」「それは単なる噂だよ。何週間も前から出張に行っているから、あいつのせいにされたんだよ。欠席者はつねに間違っているからね。」）

〔56〕Qui va à la chasse perd sa place.

狩に行く者は席を失う

【意味】持ち場を離れると居場所を取られる。職場を離れると職を奪われる。

【用法】トイレなどに行くために一時的に席を離れ、戻ってきたら他の人に席を取られていた場合に使われる。職場を離れたのち、他人によって占められてしまった職に再びつかせてくれと要求する人を、からかうために使われることもある。

【ポイント】椅子取りゲームのイメージがある。子供が遊んでいて、友達が離れたすきに空いた場所に座る場合に、このことわざを口にすることも多い。

【参考】歴史的には、このことわざは子供のわらべ歌を通じて広まったらしい。perd と place で似た音が続き、chasse と place が韻を踏んで口ずさみやすい。

【類】Un clou chasse l'autre.（一つの釘（くぎ）が他の釘を追い出す）〔＝新しい人が古い人にとって代わる〕/ Les absents ont toujours tort.（欠席者はつねに間違っている）〔n° 55〕

【用例】« Que devient ton fils ?

— Il a été en poste à l'étranger pendant deux ans, mais quand il est revenu dans son entreprise, quelqu'un avait pris sa place.

— C'est fréquent, car malheureusement, qui va à la chasse perd sa place. »（「息子さんはどうしているんですか？」「2年間海外に赴任して、戻ってきたら、ほかの人が後釜にすわっていたんですよ。」「よくある話ですね、残念ながら、狩に行く者は席を失う、ですから。」）

〔57〕Qui s'y frotte s'y pique.

手出しをする者は刺される

【意味】 余計な手出しをすると、痛い目にあう。

【用法】 人に対してだけでなく、もめ事などに「手出しをする」場合にも使われる。

【ポイント】 ことわざでは何に「刺される」のかが明示されていないが、針のある動植物（蜂、毛虫、さぼてん、薔薇、薊など）が連想されやすい。日本の「触らぬ神にたたりなし」や「逆鱗に触れる」なども、似たイメージで「触る」比喩が使われている。

【参考】 封建時代には、多くの王侯が山あらし（攻撃されると針を逆立てる針鼠に似た動物）や茨の束の絵と組み合わせ、モットー（紋章に添える座右の銘）として使用した。フランス東部ロレーヌ地方ナンシー市のモットーにも採用されている（市の紋章は薊）。こうしたモットーが19世紀になって「ことわざ化」したらしい。第一次世界大戦では、侵略してくるドイツ軍に対して、「近寄ると痛い目にあうぞ」という警告としてこのことわざが使われた。

【類】 Il ne faut pas réveiller le chat qui dort.（眠っている猫を起こしてはならない）〔n° 2〕

【反】 Qui ne risque rien n'a rien.（何も危険を冒さない者は何も得ない）〔＝虎穴に入らずんば虎児を得ず〕

【用例】 « Libre à toi de le mépriser mais abstiens-toi de le critiquer ! Il te garderait rancune. Qui s'y frotte s'y pique ! »（「あの人を軽蔑するのは自由だけど、批判するのはやめておきな。恨まれるよ。手出しをする者は刺される！」）

〔58〕Il ne faut jamais dire « Fontaine, je ne boirai pas de ton eau. »

絶対に言ってはならない、「泉よ、おまえの水は飲まないぞ」とは。

【意味】 将来どうなるかは誰にもわからないのだから、これこれのことはしない、などと誓ってはならない（状況が変わって、せざるをえなくる可能性もあるのだから）。

【用法】「私は絶対～しない」と公言する人をたしなめるときに使われることが多い。

【ポイント】 長いことわざなので、Fontaine まで言って、あとは省略することも多い。「泉よ」は、擬人化した泉に向かって呼びかけている表現。

【参考】 ことわざのもとになったエピソードとして、「わしは酒しか飲まぬぞ、絶対に水など飲むものか」と公言していた呑ん兵衛が、酔っ払って噴水の泉の中に落ちて溺れ死に、不本意ながら、たらふく水を飲むはめになった、という話に由来するとする俗説もある。

【類】 Il ne faut jamais dire « jamais. »（絶対に「絶対」と言ってはならない）/ Il ne faut jurer de rien.（何事も誓ってはならない）

【用例】 « Moi, je ne marierai jamais, je n'aurai jamais d'enfant.
— Attention, il ne faut jamais dire “Fontaine...” »（「私は絶対に結婚なんかしないし、子供も産まないわよ。」「おやおや、絶対に言ってはならない、『泉よ……』って言うでしょ。」）

〔59〕Deux précautions valent mieux qu'une.

二つの用心は一つの用心にまさる

【意味】 いくら用心しても、用心しすぎることはない。

【用法】 一見すると必要ないような用心をする場合に使われる。

【ポイント】「念には念を入れよ」「石橋を叩いて渡れ」に近い。

【参考】 ラ・フォンテーヌ『寓話』第4巻第15話「狼（おおかみ）、やぎ、子やぎ」にほぼ同じ形で出てくる。これは次のような話。

やぎが子やぎを残して出かけるときに、狼を警戒して合言葉を決めておいた。狼が偶然その合言葉を盗み聞きし、それを口にして戸を開けてくれと言うが、用心深い子やぎは戸の隙間から足を見せてくれと言ったため、あきらめて立ち去った。

【類】 Prudence est mère de sûreté.（慎重は安全の母）/ Dans le doute, abstiens-toi.（疑わしいときはやめておけ）。また、形だけ似ていることわざに Deux avis valent mieux qu'un.（二つの意見は一つの意見よりもよい）〔＝人の意見にも耳を傾けよ〕などがある。

【反】 Qui ne risque rien n'a rien.（何も危険を冒さない者は何も得ない）〔＝虎穴に入らずんば虎児を得ず〕

【用例】 « Ça fait quinze minutes que tu essaies ces chaussures. Tu peux les acheter maintenant !
— Je sais, mais je préfère les essayer encore une fois pour être sûre qu'elles me vont avant de les acheter. Deux précautions valent mieux qu'une ! »（「もう15分もその靴を試してるじゃないか。いい加減買ったら？」「わかってるけれど、本当に合うかどうか、買う前にもう一度試したいの。二つの用心は一つの用心にまさるから。」）

〔60〕Abondance de biens ne nuit pas.

ありあまる財産は害にはならない

【意味】 物や財産はいくらあっても邪魔にはならない。

【用法】 すでに十分に持っているのに、もっと手に入れようとする場合に使う。

【ポイント】 日本の「大は小を兼ねる」に近いが、大小ではなく分量が問題なので、あえて言えば「多は少を兼ねる」のようなもの。

【参考】「nuit」は nuire（害をなす）の現在３人称単数。

【類】 Mieux vaut trop que pas assez.（足りないよりは多すぎるほうがよい）

【反】 L’argent ne fait pas le bonheur.（お金は幸福をつくらない）〔＝お金があるからといって幸せになるとは限らない〕

【用例】 « Tu achètes encore une autre caisse de bière ? Mais, tu en as déjà deux !
— Ne t’inquiète pas, elles ne seront pas perdues. Abondance de biens ne nuit pas, ma chérie. »（「あなた、またビール１ケース買うの？まだ２ケースあるじゃない。」「心配するな、駄目になったりはしない〔＝味が落ちる前に飲んでしまう〕から。ありあまる財産は害にはならないのだから、ねえお前。」）

〔61〕Les petits ruisseaux font les grandes rivières.

小さな流れが大きな川をつくる

【意味】 小さな額でも、こつこつ溜めれば大きな財産になる。

【用法】 おもに倹約について使われる。ふざけて、川などに立ち小便をするときに使われることもある。

【ポイント】 日本の「ちりも積もれば山となる」に近いが、このフランス語のことわざは金銭に関して使われる。

【参考】 お金を「水」にたとえることわざとしては、他に L'eau va à la rivière.（水は川へ行く）〔＝お金は金持ちのところに集まるものだ〕がある。

【類】 Il n'y a pas de petites économies.（小さな倹約というものはない）/ Petit à petit, l'oiseau fait son nid.（少しずつ鳥は巣を作る）〔こちらは金銭とは関係なく広く使われる〕

【用例】 « Tu te sers toujours de cette carte quand tu paies quelque chose. Pourquoi ?

— Parce qu'on peut accumuler des points comme ça. Comme on dit, les petits ruisseaux font les grandes rivières ! »

（「支払いをするときは、いつもそのカードを使うんだね。」「こうするとポイントがたまるから。小さな流れが大きな川をつくる、だからね。」）

〔62〕Qui sème le vent récolte la tempête.

風を蒔く者は嵐を刈り取る

【意味】 悪いことをすれば、それが何倍にもなって返ってくる。

【用法】 悪事を働き、その報いを受ける場合に使われる。

【ポイント】 種蒔きと収穫という農耕の基本概念を用いて、因果応報の教えを説いたことわざ。このことわざが悪事について使われるのは、農作物にとって風や嵐は良くないものと受け止められているからだろう。風よりも嵐のほうが大きいので、自分のした行為が（植物が生長するように）何倍にも大きくなって返ってくるというイメージである。

【参考】 旧約聖書『ホセア書』8・7に出てくる。日本の「自業自得」に近い。

【類】 On récolte ce qu'on a semé.（人は自分が蒔いたものを収穫する）〔新約聖書『ガラテヤ書（ガラテヤの信徒への手紙）』6・7〕/ Comme on fait son lit, on se couche.（人は自分のベッドを整えた通りに寝る）〔＝人は自分の行為に見合った報いを受ける〕

【用例】 « Elle a fait des méchancetés à un garçon, mais c'était le fils de son supérieur : elle a été limogée.

— Qui sème le vent récolte la tempête ! »（「彼女、ある男の子に意地悪をしたんだけれど、それが上司の息子だったのよ。それで左遷されてしまったの。」「風を蒔く者は嵐を刈り取る、だね。」）

〔63〕Il n'y a pas de fumée sans feu.

火のないところに煙は立たぬ

【意味】噂が立つからには、多少なりとも真実が含まれているはずだ。根も葉もないところに噂が立つはずはない。

【用法】噂をもとにして事実を判断する場合に使われる。噂に限らず、状況証拠からみて本当だと思われる場合に使われることもある。

【ポイント】直訳すると「火なくして煙はない」。古代ローマから似たようなことわざが存在する。日本では明治期に訳され、名訳で連想しやすい比喩だったこともあって定着した（使い方も同じ）。

【類】Calomniez, il en restera toujours quelque chose.（中傷しろ、それによって必ず何かが残るだろう）〔「無実の人を陥れるためには悪い噂を立てるのが一番」（なぜなら噂を聞いた人は「火のないところに煙は立たない」と考えるに違いないから）という意味のことわざ〕

【用例】« On m'a dit que Didier avait volé au supermarché. Ça m'étonne, je le connais bien, ça doit être des rumeurs. Qu'en penses-tu ?
— Moi aussi je suis étonnée, mais il doit y avoir du vrai car il n'y a pas de fumée sans feu… »（「ディディエがスーパーで盗みを働いたんだって。びっくりだわ、彼のことはよく知っているから。噂に違いないと思うけれど、どう思う？」「私もびっくりだけれど、真実の面もあるかもしれないわよ。だって、火のないところに煙は立たないんだから……」）

〔64〕Un homme averti en vaut deux.

忠告を得た者は二人に値する

【意味】 危険や想定していなかった出来事について事前に知らされた者は、二人分の働きが可能になる（より適切に対処できる）。

【用法】 本人が気づいていない危険などについて、行動前に警告・忠告する場合に使われる。

【ポイント】「敵の動きを事前に察知できれば、そうでない場合に比べて二倍の力を発揮できる」という戦略や駆け引きのイメージがあるので、日本の「敵を知り己（おのれ）を知れば百戦危うからず」に近い。その他、「備えあれば憂いなし」〔＝日頃から準備をしておけば、不測の事態にも慌てることはない〕にも通じるが、フランスのことわざには「日頃から備える」という意味あいはない。

【参考】 代名詞 en を使わないで書きかえると Un homme averti vaut deux hommes. となる。

【用例】 « Elle n'est pas mal, non ? Je suis un peu amoureux d'elle.

— Prends garde à cette fille : elle vit avec un voyou. Un homme averti en vaut deux.

— Je ne le savais pas, merci de ton information. »（「あの子、なかなかいいと思わないかい？　ちょっと好きになってしまうなあ。」「あの女には気をつけな。ちんぴらと同棲しているんだから。忠告を得た者は二人に値するぞ。」「知らなかったよ、教えてくれてありがとう。」）

〔65〕Les murs ont des oreilles.

壁に耳あり

【意味】誰も聞いていないと思っていても、誰かが陰で聞き耳を立てている場合もある。

【用法】他人や関係者に聞かれて困るような話を大きな声でしないよう、戒めるときに使われる。

【ポイント】日本語とフランス語に限らず、同様のことわざが世界各地に存在する。とくに相互に直接の影響が認められるわけではないのに、同じ発想のことわざが各国に存在するのは興味深い。

【参考】フランス語の確認可能な最古の用例である 13 世紀の写本には、古仏語で Bois a orelles et plain a eus.（森は耳を持ち、野原は目を持つ）と書かれている。現在と同じ形になったのは 19 世紀頃から。20 世紀になると、いたるところに敵のスパイが潜(ひそ)んでいることに注意をうながすために、第一次世界大戦中は Taisez-vous ! méfiez-vous ! Les oreilles ennemies vous écoutent !（黙れ！　用心しろ！　敵の耳が聞いている！）というスローガンが喧伝(けんでん)されたが、第二次世界大戦中はこのことわざが使われた。そのため、昔の世代の人にとって、しばしばこのことわざは戦争の記憶と結びついている。

【用例】« Arrête de critiquer tes collègues ou tes supérieurs, surtout sur ton lieu de travail. Sache que les murs ont des oreilles. »
（「同僚や上司のことを批判するのはやめておきな。とくに職場ではね。壁に耳ありっていうことを知っておいたほうがいいよ。」）

〔66〕La nuit porte conseil.

夜は助言をもたらす

【意味】急いで結論を出さずに、一晩寝かせた方がよい。一晩寝かせれば、よい考えが浮かぶ。

【用法】思い悩んでいる人に向かって、あまり考え込まずに、今日のところはひとまず寝たらどうか、寝ればよい考えが浮かぶから、と勧める場合に使ったりする。

【ポイント】porter は意味の広い言葉なので、「夜は助言を宿す」「夜は助言をはらむ」などと訳すこともできる。

【用例】« Je viens de voir une offre pour un voyage à Tahiti. C'est cher mais j'ai besoin de vacances...
— Tu ferais mieux d'attendre demain au lieu de prendre une décision sur un coup de tête. La nuit porte conseil. »
(「タヒチ旅行の広告を見たんだ。高いけれど、でもバカンスは必要だからなあ……」「衝動的に決めないで、明日まで待ったほうがいいんじゃないの。夜は助言をもたらすから。」)

〔67〕Charité bien ordonnée commence par soi-même.

順序だった慈善は自分自身から始まる

【意味】他人のおせっかいを焼く前に、まずは自分のことを考えよ。

【用法】「自分のことを棚に上げて他人を批判するのはやめよ」という意味で使われる。ただし、わざと逆手にとって、ふざけて「自分のことだけを考えよう」という自分勝手な態度の口実に使うこともある。

【ポイント】もとはキリスト教の心構えとして「慈善を施す（他人に手を差し伸べる）前に自分の徳を高めるのが先決だ」という意味だったと思われる。

【参考】日本の「修身斉家治国平天下」〔＝わが身を修め、家庭を斉え、国を治め、天下を平和にする〕や、「まず隗より始めよ」〔＝まずは言い出した人（手近なところ）から始めよ〕に通じる。

【類】Il faut commencer par balayer devant sa porte.（まずは自宅の門前を掃け）/ Médecin, guéris-toi toi-même.（医者よ、自分自身を治せ）

【用例】« C'est parce qu'elle dit du mal des autres que je ne l'aime pas. Qu'elle est antipathique ! C'est même peu dire, tellement elle est méchante.

— Fais attention, tu commences à lui ressembler et à être aussi médisante qu'elle. Charité bien ordonnée commence par soi-même... »（「彼女は他人の悪口を言うから好きじゃないのよ。なんて感じが悪いんでしょう。それだけじゃ言い足りないわ、それほど意地悪なのよ。」「ちょっと。あなたも彼女に似てきて、悪口を言っているわよ。順序だった慈善は自分自身から始まるって言うでしょ。」）

〔68〕Il ne faut pas chercher midi à quatorze heures.

14時に正午を求めてはならぬ

【意味】わざわざ物事を複雑に考えてはならない。もっと単純に考えたほうがよい。

【用法】ことさら難しく考えすぎる人に対して使うことが多い。

【ポイント】日本の「灯台もと暗し」に通じる部分がある。

【参考】「正午」midi とは「昼食」のことだとする説があり、それに従えば「午後2時になって昼食にありつこうとしても無理だ」というのが本来の意味。いずれにせよ、単に「ない場所で探してはならない」という意味だったのが、次第に変化したと考えられる。

【用例】« Je consulte internet depuis trois heures à la recherche d'idées mais je ne sais toujours pas comment occuper mes enfants pendant les vacances. Soit c'est trop cher, soit c'est trop loin, soit ça ne convient pas à leur âge...

— Pourquoi tu ne les emmènes pas en camping ? C'est une idée simple mais ils seront certainement très heureux de partir en vacances en famille. Il ne faut pas chercher midi à quatorze heures.»（「3時間前からインターネットを見てアイデアを探しているんだけれど、バカンスの間、どうやって子供たちの面倒を見たらいいのかわからないなあ。値段が高すぎたり、場所が遠すぎたり、あの子たちの年齢向けでなかったり……」「キャンプに連れていったらどう？単純だけれど、子供たちは家族でバカンスに出かけられて、きっと喜ぶはずよ。14時に正午を求めてはならないわ。」）

〔69〕L'union fait la force.

団結は力なり

【意味】 個人や個々のもの単独では無力でも、一致団結して集まれば大きな力になる。

【用法】 個人や中小企業などが集まってグループを作る場合に使われことが多い（組合、署名活動、集団訴訟など）。

【ポイント】 明治期に日本にも移入された。日本古来の「三人寄れば文殊の知恵」にも通じる。

【参考】 このことわざはベルギーの国家のモットー devise nationale にも採用されている（国家のモットーとは、フランスなら「自由、平等、博愛」*Liberté, Égalité, Fraternité* を指す）。これは、1830年にオランダから独立したばかりで弱体だったベルギーにおいて、国内の党派の対立を超えて一致団結を呼びかけるために採用された。また、第一次世界大戦中のフランスでも、同盟国（仏、英、露、ベルギーなど）間の団結を促すための標語として好まれた。

【用例】 Pour rivaliser avec les États-Unis et la Russie, les États européens ont besoin de se regrouper, mettant en pratique l'adage selon lequel l'union fait la force. C'est même une des raisons d'être de l'Union Européenne.（アメリカやロシアに対抗するためには、ヨーロッパ諸国は連帯は力なりということわざを実地に移し、結集する必要がある。これが欧州連合の存在理由の一つでもある。）

〔70〕Le temps, c'est de l'argent.

時は金なり

【意味】時間は貴重だ。

【用法】「時間を無駄にするな、ぐずぐずしていないで急ごう」という文脈で使われることが多い（この場合、「鉄は熱いうちに打て」に似た意味になる）。

【ポイント】英語 Time is money. の仏訳。英語のままでも使われる。

【参考】18世紀アメリカのベンジャミン・フランクリンの言葉とされる。折しも近代的な工業生産が始まった頃、労働時間と賃金との比例関係を示す言葉だったために、広く受け入れられたものと想像される。日本では、戦前の修身の教科書などの影響により、「時間を惜しんで刻苦勉励せよ」という独特な解釈が広まった。

【用例1】« Est-ce que les fournisseurs nous ont enfin livré les matériaux que nous attendons depuis trois jours ?

— Non, toujours pas…

— Je vais les appeler pour me plaindre, nous avons suffisamment attendu, le temps, c'est de l'argent ! »（「3日前から待っている材料、業者から届いたかい？」「いいえ、まだなのよ……」「電話をして苦情を言ってやろう。もう十分待ったんだ。時は金なりだぞ。」）

【用例2】Aujourd'hui on entend trop souvent : « Allez, dépêche-toi, il n'y a pas de temps à perdre ! Le temps, c'est de l'argent. »（今日、あまりにもしばしば耳にする。「さあ急げ、無駄にする時間はないんだ、時は金なりだ」という言葉を。）

コラム－創作ともじり

ことわざには、よく使われる特有の言いまわしがある。代表的なものに Il vaut mieux A que B. = Mieux vaut A que B.（BよりもAしたほうがよい）がある（A vaut [valent] mieux que B. も同じ意味）。一見してことわざだとわかる表現なので、これを使えば簡単に自作のことわざ（らしき表現）を作ることができる。基本的にはAとBに同じ品詞（動詞か副詞がよく使われる）を入れればよい。たとえば、Il vaut mieux aimer qu'être aimé. = Mieux vaut aimer qu'être aimé.（愛されるより愛したほうがよい）など。

また、C'est en forgeant qu'on devient forgeron.（鉄を鍛えながらこそ人は鍛冶屋になる）〔n° 23〕を意識した C'est en A qu'on apprend à B.（Aしながらこそ人はBすることを学ぶ）という表現もよく使われる（Aに現在分詞、Bに不定詞を入れる。たとえば、C'est en parlant qu'on apprend à parler.（話すことによってこそ人は話すことを学ぶ）は会話学校のキャッチフレーズに使われた。あるいは、C'est en écrivant qu'on apprend à écrire.（書くことによってこそ人は書くことを学ぶ）は、学校の授業で、作文に何を書いたらよいかわからない生徒に対して使われることがある。

文学の世界では、19世紀のバルザックや20世紀のシュールレアリストたちがことわざをもじる言葉遊びに熱中し、とくに後者はそれを短い「シュール」な詩に仕立てた。たとえば Quand le chat n'est pas là, les souris dansent.（猫がいなくなると鼠たちが踊る）〔n° 5〕をもじった Quand la raison n'est pas là, les souris dansent.（理性がなくなると鼠たちが踊る）など。

第5章

生活の場面

〔71〕Quand le vin est tiré, il faut le boire.

酒を樽から出したら飲まなければならない

【意味】やり始めた以上は、最後までやり遂げる必要がある。

【用法】軽い気持ちでやり始めてみたところ、予想以上に大変であることに気づき、躊躇している場合などに、そのまま続行するように励ます意味で使われる。日本の「乗りかかった船」に近い。

【ポイント】わざと文字どおりの意味に取って、酒を勧める場合に使うことも多い。

【参考】tirer は瓶の栓を「抜く」という意味ではなく、本来は「(樽から酒を）出す」という意味。Quand を省いて「重文」のようにして使うこともある。

【用例 1】« Les choses sont trop avancées maintenant et cela devient de plus en plus compliqué. Que dirais-tu d'abandonner le projet ?
— Non, maintenant il est trop tard, il faut continuer jusqu'au bout car quand le vin est tiré, il faut le boire... »（「話が進みすぎて、ますます面倒なことになってきたわね。この仕事は放りださない？」「いや、もう手遅れだ。最後までやるしかない。酒を樽から出したら飲まなければならんからな。」）

【用例 2】« Je dois rentrer maintenant.
— Attends, je vais déboucher une autre bouteille... Voilà. Le vin est tiré, il faut le boire. »（「そろそろ帰らないと。」「待て、もう一本あけよう。ほら。酒を樽から出したんだ。飲まないと。」）

〔72〕L'appétit vient en mangeant.

食欲は食べるにつれて出てくる

【意味】最初はあまり食べたくないと思っていても、食べ始めると食欲が出てくるものだ。

【用法】文字どおりには、食欲のない相手に対して使う。比喩的には、最初はあまり気が向かなかったのに、やっているうちに気が乗ってきた場合、または一度味をしめてエスカレートする場合に使う。

【用例１】« Maman, j'ai pas faim.

— Je sais mon chéri, mais pour guérir il faut que tu manges un peu. Prends une petite cuillère et tu vas voir, l'appétit vient en mangeant ! »（「お母さん、食欲がないんだよ。」「わかってるわ。でも、治すためには、少しは食べないと。ちょっとひと口食べてごらん、そうしたら、ほら、食欲は食べるにつれて出てくるから。」）

【用例２】« Le concert d'hier était magnifique. Et quel ténor ! Quand je pense qu'il était si timide et incapable de chanter devant les autres quand il était petit…

— En effet, au début c'était difficile mais comme l'appétit vient en mangeant, plus il avait du succès, plus il prenait plaisir à chanter et il a fini par en faire son métier. »（「きのうのコンサート、すばらしかったわね。なんというテノールだったでしょう。あの子が小さかったときは、恥ずかしがり屋で、人前では歌えなかったと思うとね……」「本当だよ。最初は難しかったけれど、食欲は食べるにつれて出てくるものだから、成功するにつれて歌うのが好きになって、とうとうそれが職業になってしまったんだからなあ。」）

〔73〕Qui dort dîne.

寝る者は食べる

【意味】眠っている者は食べているのと同じだ。眠っていれば空腹を忘れる（やり過ごす）ことができる。

【用法】朝寝坊をして朝食を抜かす人に対して、なまけ癖をとがめるように、あきれた調子で使われることが多い。

【ポイント】日本の「寝る子は育つ」〔＝よく眠る子はよく育つ〕ということわざを連想させる。事実、昔はこのフランスのことわざもそれに似た意味で使われていたこともある。

【参考】発音上はわずか３音節。フランスのことわざの中でも最短といえるほど短い。ただし、簡潔なぶん、肝心の意味は取りにくく、やや謎めいている。そのためか、もともとこのことわざは「寝る（＝宿泊する）人は食事もする」のが決まりだ、つまり「素泊まりお断り」という意味で、中世の宿屋の看板に掲げられていた文字だったとする俗説まである。

【用例】« Le déjeuner est prêt ; va réveiller Marie.

— Elle ne veut pas se réveiller ! Elle est fatiguée par l'excursion d'hier.

— Bon, laisse-la tranquille. Qui dort dîne ! »

（「昼食の準備ができたから、マリーを起こしてきてちょうだい。」「マリーは起きたがらないんだよ。昨日の遠足で疲れているんだ。」「しょうがないわね、そっとしておきなさい。寝る者は食べる、だから。」）

〔74〕Qui aime bien châtie bien.

よく愛するものはよく罰する

【意味】 愛しているからこそ厳しく接するのだ。厳しく叱ったり体罰を加えるのは、愛している証拠だ。愛の鞭だ。

【用法】 親や教師が子供に体罰を与える場合に、その言いわけ（大義名分）として引きあいに出すことが多い。「教育に体罰は必要か」という議論で使われることもよくある。

【ポイント】 辞書類にはおもに子供を叱る意味が記載されているが、ことわざ自体には「誰を」という言葉が抜けているので、いろいろな場面で使うことができる。たとえば「神が人間に試練を与えるのは愛しているからだ」という文脈で使ったり、ペットの「しつけ」に関して使うことも可能。日本の「かわいい子には旅をさせよ」にも通じる。また、「罰する」を「ちょっかいを出す」程度の軽い意味に取り、「同級生の男の子が女の子にいたずらをするのは気を引くためで、実は好きだからだ」という意味で使われることもある。特殊な例としては、サディストが愛用しているらしい。

【反】 L'amour rend aveugle.（愛は盲目にする）〔＝恋は盲目、あばたもえくぼ。おもに男女間で使われる〕

【用例】 « J'ai encore trouvé une faute dans ton devoir ; retourne le corriger. Aujourd'hui tu me trouves dur avec toi mais quand tu auras réussi dans tes études plus tard, tu comprendras. Qui aime bien châtie bien.»（「また宿題に間違いがあったぞ。戻って、直してきなさい。今日は厳しくするけれど、あとになって勉強がうまくいったら、わかるだろう。よく愛するものはよく罰するだ。」）

〔75〕Les bons comptes font les bons amis.

よい勘定はよい友をつくる

【意味】（友人間での）お金の貸し借りはきちんとすべきだ。

【用法】貸したお金を返さない人に使ったり、逆に返さなくていいと言ってくれる人に受け取ってもらうために使う。また、割り勘にしようと提案するときや、請求書をじっくりと確認するときに使うこともできる。

【ポイント】言い出しにくいお金の話を切り出すときに、このことわざをだしに使うとスムーズに事がはこぶ。

【用例 1】« Tu pourrais me prêter vingt euros pour le déjeuner ?

— Je t'ai déjà prêté dix euros hier. Rends-les-moi d'abord et je te prêterai à nouveau de l'argent avec plaisir. Les bons comptes font les bons amis... »（「昼食のために20ユーロ貸してくれない？」「きのう10ユーロ貸したじゃない。それをまず返してよ、そうしたらまた喜んで貸すから。よい勘定はよい友をつくる……」）

【用例 2】« Tiens, Éric, voici les dix euros que je te devais pour le cinéma de la semaine dernière.

— Garde-les, ne t'inquiète pas pour ça...

— C'était très gentil de ta part de m'avancer les sous mais je tiens absolument à te rembourser. Les bons comptes font les bons amis ! »（「ねえ、エリック、これ、先週の映画で借りていた10ユーロ。」「いいよ、それくらい気にしなくて。」「貸してくれて、とても助かったけれど、どうしても返したいのよ。よい勘定はよい友をつくるから。」）

〔76〕Chose promise, chose due.

約束したことは、果たすべきこと

【意味】 約束したことは果たさねばならない。日本の「約束は約束だ」と同じ。

【用法】 軽い気持ちで約束をしてしまい、できれば取り消したいと思っている人に対して、このことわざを持ち出すことが多い。逆に、軽はずみに約束してしまったことを後悔しつつ、しかたなく約束を守ろうとして、自分に言いきかせるようにして使うことも多い。

【ポイント】 due は形容詞 dû の女性単数形。直訳すると「約束されたこと、果たされるべきこと」となり、動詞がない。

【用例】 « Tu te souviens que tu m'avais dis que je pourrais toujours compter sur toi en cas de coup dur ? Figure-toi que je viens de me faire licencier…

— Oui, je m'en souviens. Chose promise, chose due. Tu n'as qu'à me dire ce dont tu as besoin et je t'aiderai au maximum. »

(「大変なときには、いつでも頼りにしていいって言ってくれたの、覚えている？　実は、解雇されたんだ……」「ええ、覚えているわよ。約束したことは、果たすべきこと。何をしてほしいか言ってくれれば、できる限りのことはするわよ。」)

〔77〕À malin, malin et demi.

やり手にはやり手と半分

【意味】 抜け目ない人には、それを上まわる（プラス半人前、つまり1.5倍の）抜け目ない人がいるものだ。上には上がいるものだ。

【用法】 相手の策略に気づき、その裏をかく手を使うときや、もっとうまい手を使って相手をやりこめてやろうと決意したときに使う。

【ポイント】 malin はここでは「抜け目ない人、策を弄（ろう）する人」という意味の名詞。ただし、「悪賢い」という意味の形容詞もあり、相手をだますというニュアンスを伴う。

【参考】 À 〜、〜 et demi.（〜には〜と半分）という形のことわざはいくつか存在する。たとえば À menteur, menteur et demi.（嘘つきには嘘つきと半分）、À trompeur, trompeur et demi.（ぺてん師にはぺてん師と半分）など。いずれもほぼ同じ意味。

【類】 À bon chat, bon rat.（大した猫には大した鼠）〔＝相手もなかなか手ごわい〕/ Tel est pris qui croyait prendre.（つかまえると思っていた者がつかまえられる）〔n° 78〕

【用例】 «Henri a voulu m'humilier face à toute la bande de copains. Mais à malin malin est demi, je me doutais qu'il préparait une fourberie et j'étais préparé. Tu aurais dû voir sa tête quand il a compris qu'il se faisait prendre lui-même à son mauvais tour ! »
（「アンリは仲間たち全員の前でぼくを侮辱しようとしたんだ。でも、やり手にはやり手と半分だ、ぼくはあいつが悪だくみを準備していると感づいていたから、手を打っておいたんだ。自分自身が罠にはまったと悟ったときのあいつの顔を、おまえに見せてやりたかったなあ。」）

〔78〕Tel est pris qui croyait prendre.

つかまえると思っていた者がつかまえられる

【意味】 だますつもりが、してやられる。

【用法】 人に仕掛けた罠（わな）に自分がはまってしまった場合に使われる。

【ポイント】 日本の「ミイラ取りがミイラになる」と発想が似ているが、「だます／だまされる」という文脈で使われる。

【参考】 ラ・フォンテーヌの『寓話』第８巻第９話「鼠（ねずみ）と牡蠣（かき）」に由来する。これは、鼠が牡蠣を見つけてつかまえようとしたら、口を閉じた牡蠣に挟まれてしまった、という話。通常の語順では Tel qui croyait prendre est pris. となる。Tel qui… は Celui qui…と同じ。

【類】 À malin, malin et demi.（やり手にはやり手と半分）〔n° 77〕

【用例】 « Je rentre à peine de la bourse d'échange d'objets de collection. J'ai troqué avec Alexandre une carte postale du Bouddha de Kamakura contre une carte du mont Fuji. En fait sa carte de Kamakura est assez commune alors que la mienne datait de 1890 et était extrêmement rare. Je suis vraiment déçu surtout que je pensais presque l'arnaquer !
— Eh oui mon fils, tel est pris qui croyait prendre. Ça t'apprendra pour la prochaine fois ! »（「コレクションの交換会に行ってきたんだ。ぼくの富士山の絵葉書をアレクサンドルの鎌倉の大仏の絵葉書と交換したんだけれど、実際はあいつの鎌倉の葉書はかなりありふれたもので、ぼくのは 1890 年に作られた非常に珍しいものだったんだ。あいつにまんまと一杯喰わせてやったと思っていただけに、本当にがっかりだよ。」「つかまえると思っていた者がつかまえられる、ってやつだな。次回に向けた勉強だと思うことだな。」）

〔79〕La fin justifie les moyens.

目的は手段を正当化する

【意味】 崇高な目的のためには、汚い手段を使うことも許される。目的を遂げるためには、どのような手段を用いるかは重要ではない。

【用法】 正当とはいえない手段を使おうとするときに、良心のやましさを振り払うために使われることが多い。

【ポイント】 たとえば目的を達するためなら嘘をついてもかまわないことになる。日本の「嘘も方便」の嘘は、大局的な観点からは許容される嘘でなければならないが、このフランスのことわざの場合は、単なる嘘でかまわない。

【参考】 言葉遊びとして La faim justifie les moyens.（空腹は手段を正当化する）と言うことがある。これは fin（目的）と faim（空腹）の発音が同じことを踏まえたもの。

【類】 Qui veut la fin veut les moyens.（目的を望む者は手段を望む）/ Nécessité fait loi.（必要が法をつくる）〔＝極端な状況では法に背いた行為も許される〕

【用例】 « Je lui ai dit que je gagnais beaucoup d'argent, mais en réalité mon salaire est peu élevé. Mais si je lui avais dit la vérité, elle ne se serait pas mariée avec moi. La fin justifie les moyens… D'ailleurs un vieil adage dit aussi : "En mariage trompe qui peut." »
（「ぼくは大金をかせいでいると言ったけれど、実際は薄給なんだよ。でも本当のことを言ったら彼女は結婚してくれなかっただろう。目的は手段を正当化する、だからね。他の古いことわざでも『結婚では、だませる者はだませ』って言うしね。」）

〔80〕Les cordonniers sont toujours les plus mal chaussés.

靴屋がいつも一番悪い靴を履いている

【意味】その道のプロである人ほど、自分のことについてはなおざりにする人が多い。

【用法】特定の職業の人に対して、多少のユーモアを交えて使われる。

【ポイント】実際には「いつも」というのは誇張で、なかには良い靴を履いている靴屋もいるはずだが、あえて「いつも」と断定することでユーモアの要素が強められる感がある。ただし、一般にことわざは短いほうが言いやすいので、「いつも」（toujours）は省略されることも多い。

【参考】日本にも「医者の不養生」、「坊主の不信心」、「易者身の上知らず」など、似たことわざは多い。

【類】Médecin, guéris-toi toi-même.（医者よ、自分自身を治せ）〔『ルカによる福音書』4・23〕

【用例】« Il est jardinier mais son jardin est très mal soigné ; les mauvaises herbes envahissent les plates-bandes.

— Il n'y a rien d'étonnant à cela. Les cordonniers sont toujours les plus mal chaussés ! »

（「あの人は庭師なのに、自分の庭は手入れしないのよ。花壇にまで雑草が生えているんだから。」「よくある話だよ。靴屋がいつも一番悪い靴を履いているのだから。」）

〔81〕Au royaume des aveugles, les borgnes sont rois.

盲人の国では片目の者が王様だ

【意味】 無知な人の間では、中途半端な知識の人でも天才扱いされる。

【用法】 たいしたことのない人々の間で、高い評価を受けて得意になっている人について、皮肉をこめて使われる。

【ポイント】 日本の「鳥なき里(さと)の蝙蝠(こうもり)」〔＝優れた者がいないところでは、つまらない者が幅をきかせる〕に相当する。

【用例 1】 « Vu le niveau des équipes de football en Asie, je crois que c'est facile d'être au sommet. On devrait faire un match contre une équipe européenne pour évaluer notre réelle valeur.

— Tu as raison. C'est vrai qu'au royaume des aveugles, les borgnes sont rois. »（「アジアのサッカーのレベルを考えると、頂点に立つのは簡単だと思うよ。ぼくたちの本当の力を知るには、ヨーロッパのチームと試合すべきじゃないかな。」「その通りだ。たしかに、盲人の国では片目の者が王様だからね。」）

【用例 2】 « Tu es adulé par ces personnes parce que tu leur révèles quelques ficelles auxquelles ils n'ont pas accès. Tu profites de leur ignorance !

— Eh oui mon cher, au royaume des aveugles, les borgnes sont rois ! »（「あなたがあの人たちからちやほやされているのは、あの人たちが覗けない舞台裏を教えているからなのよ。あなたは、あの人たちの無知につけ込んでいるのよ。」「まさにその通りさ。盲人の国なら片目の者だって王様になれるからな！」）

〔82〕Il n'est pire sourd que celui qui ne veut pas entendre.

聞こうとしない人ほどたちの悪いつんぼはいない

【意味】 聞く耳を持たない人を、いくら説得しようとしても無駄だ。

【用法】 先入見や思い込みが激しく、他人の意見を聞き入れない人について使われる。

【ポイント】 日本の「勝手つんぼ」という表現を連想させる。

【参考】「聞く」entendre はここでは「理解する」の意味。Il n'est は文語調の表現で Il n'y a と同じ。

【類】 Il n'est pire aveugle que celui qui ne veut pas voir.（見ようとしない人ほどたちの悪いめくらはいない）〔この「見る」voir も「理解する」の意味〕/ Ventre affamé n'a point d'oreilles.（空腹は耳を持たない）

【用例】 « Alice a encore prêté une grosse somme d'argent à sa fille.
— Elle va encore tout perdre ! On lui a pourtant répété cent fois de se méfier parce que sa fille fréquentait des gens malhonnêtes.
— Tu sais ce qu'on dit : il n'est pire sourd que celui qui ne veut pas entendre... »（「アリスは、また娘さんに大金を貸したんだって。」「また全部失うわよ。娘さんが不良たちとつきあっているから気をつけなって、何度も言っているのにね。」「でも、言うでしょ、聞こうとしない人ほどたちの悪いつんぼはいないって……」）

〔83〕 C'est la goutte d'eau qui fait déborder le vase.

一滴の水が花瓶からあふれさせる

【意味】 溜まりに溜まった不満や怒りは、わずかなことで爆発する。

【用法】 もうこれ以上我慢できないという場面で使われる。日本の「堪忍袋の緒が切れる」に近い。

【ポイント】 鬱積する不満や怒りを、溜まる水にたとえている。「一滴の水」la goutte d'eau の代わりに、「最後の一滴」la dernière goutte という場合もある。

【参考】 類似の比喩に基づく表現として、俗語 ras le bol がある。これは、もともと「容器（ボール）にすれすれ一杯だ」という意味で、「もうたくさんだ、うんざりだ」という意味で使われる（我慢していたものが喉元までこみあげてきているようなイメージ）。右腕を指先まで水平に伸ばして自分の喉に当てるジェスチャーを添えることが多い。

【用例】 « Il est arrivé en retard à nos deux derniers rendez-vous et cette fois il l'a carrément oublié ! Je lui trouvais toujours des excuses mais c'est la goutte d'eau qui a fait déborder le vase, je quitte Clément pour de bon. »（「前回も前々回も待ち合わせに遅れてきて、今回は完全にすっぽかしたのよ！　これまでは理由を見つけて良い方に解釈してきたけれど、一滴の水が花瓶からあふれさせたわ、クレマンのことはきっぱり見捨てたわ。」）

〔84〕Après moi le déluge !

我（わ）があとは大洪水になれ

【意味】 私のあとでどうなろうと、そんなことは関係ない。

【用法】 死後や退職後のことについて聞かれた場合に口にする。また、あとのことを考えない無責任な人を評して使うこともある。逆に、開き直って、今ある現在を楽しむのだという意味で使うこともある。

【ポイント】 日本の「あとは野となれ山となれ」と同様、「自分だけよければいい」という自己中心的な響きがある。「大洪水」は旧約聖書『創世記』（ノアの方舟（はこぶね））に出てくる大洪水のイメージがある。

【参考】 一説によると、戦いに敗れたルイ 15 世を慰めるために、ポンパドゥール夫人が「そんなに落ち込まれるとお体にさわりますわよ。私たちのあとには大洪水でも来ればよいのですわ」と言ったとされる。また、政務によって楽しみを邪魔されたルイ 15 世自身が口にしたとする説もある。いずれにせよ、まもなく大洪水ならぬフランス革命が起こり、この言葉は予言のように響くことになった。

【用例】 « Écoute, j'ai décidé de démissionner.

— Je suppose que tes collègues se trouveront dans l'embarras si tu quittes ton emploi.

— C'est à cause d'eux et de la mauvaise ambiance dans l'entreprise que je pars donc je me moque des conséquences. Après moi le déluge !»（「あのさあ、会社を辞めることにしたんだよ。」「あなたが辞めたら同僚の人たちが困るんじゃないの？」「辞めるのはあいつらが原因なんだし、社内の雰囲気も悪いからなんだよ。その結果どうなろうと知ったことか。我があとは大洪水になれ、だ。」）

〔85〕Le jeu n’en vaut pas la chandelle.

その賭け事は蠟燭（ろうそく）の価値がない

【意味】労力が大きくて大変なわりには、得られるものが少なく、割に合わない。やってみる価値がない。

【ポイント】日本の「骨折り損のくたびれもうけ」に近い。

【参考】昔、冬の農閑期の夜などにトランプやさいころを使って賭け事をする場合、参加者が割り勘で蠟燭代を支払う風習があったらしい。「賭けをしても蠟燭代にもならない」というのが元の意味。

【用法】肯定文で使うことも可能。また、「その賭け事は蠟燭の価値がないことがあろうか？」Le jeu n’en vaut-il pas la chandelle ? とすると「やってみる価値はあるのではないでしょうか」の意味になる。

【用例 1】«Pensez-vous que nous devrions changer le système informatique de l’entreprise ?

— D’après mes calculs, cela nous coûterait plusieurs milliers d’euros.

— Si cher que ça ? Abandonnons l’idée alors, le jeu n’en vaut pas la chandelle ! »（「会社の情報システムを変更する必要があると思うかい？」「試算したところ、それには数千ユーロ単位のコストがかかりますよ。」「そんなにするのか。それでは、その案はやめよう。その賭け事は蠟燭の価値がないからな。」）

【用例 2】« Après avoir fait beaucoup de sacrifices pour mener à bien mon projet, maintenant que je commence enfin à entrevoir une solution, je me dis que le jeu en valait la chandelle.»（「この企画を成功させようと多くの犠牲を払ったのち、やっと解決の糸口がつかめた今にして見れば、その賭け事は蠟燭の価値があったと思っている。」）

〔86〕Noël au balcon, Pâques au tison.

クリスマスはバルコニーで、復活祭は暖炉で

【意味】 クリスマスがバルコニーですごせるほど暖かいと、春の復活祭の頃には寒くなるものだ。

【用法】 暖冬の場合などに使われる。

【ポイント】 イエス・キリストの誕生を祝う「クリスマス」と墓からの復活を祝う「復活祭」という、キリスト教の二大イベントを対比させている。復活祭は「春分の日のあとの最初の満月の次の日曜日」に行われる移動祝日で、年によって３月22日～４月25日のいずれかにあたり、春を告げる祭と受けとめられている。「バルコニー」とは要するにベランダのことで、日光を浴びながらくつろげる場所としてイメージされている。科学的または統計的には、クリスマスが温かければ復活祭は寒くなるという因果関係はとくに認められない。

【参考】 こうした天気や暦に関することわざは、「プロヴェルブ」というよりも「ディクトン」と呼ばれる（次ページを参照）。

【用例】 « C'est Noël aujourd'hui, mais il ne fait pas très froid.
— C'est à cause de ce qu'on appelle le “réchauffement planétaire” ? S'il fait si chaud en hiver, que deviendra le printemps ?
— Attention, il risque de faire froid : Noël au balcon, Pâques au tison. »（「今日はクリスマスだけれど、あまり寒くないわね。」「いわゆる『地球温暖化』のせいかな。冬でこんなに温かいんじゃあ、春になったらどうなるのかね。」「また寒くなるかもしれないわよ。『クリスマスはバルコニーで、復活祭は暖炉で』だから。」）

コラム –「プロヴェルブ」と「ディクトン」

天気や暦に関することわざは、「プロヴェルブ」proverbe ではなく「ディクトン」dicton と呼ばれることが多い。旧約聖書の『箴言（しんげん）』はフランス語で Proverbes（プロヴェルブ）というが、まさにその伝統につらなるプロヴェルブは「教訓」という性格が強い。それに対してディクトンは、

①種まきや収穫などの農作業と関係が深く、迷信にも通じる。

②学校や本で習うというより、親や祖母から口承で伝えられることが多く、あまり文献に残らず、文学よりも民俗学の対象となる。

③比喩を使わないので文字どおりの意味に受け取ればよい。

④前半と後半の2つに分かれ、対（つい）になっている場合が多い。

などの特徴がある。

代表的なディクトンを以下に挙げておく。

En avril, ne te découvre pas d'un fil ; en mai fais ce qu'il te plaît.
（4月には糸一本脱ぐな、5月には好きなようにしろ）〔＝まだ4月は急に寒くなることがあるから、油断せず暖かくしたほうがよい〕

S'il pleut le jour de saint Médard, il pleut quarante jours plus tard.
（聖メダールの日〔＝6月8日〕に雨が降るとその後40日間雨が降る）

À la Sainte-Luce, les jours croissent du saut d'une puce.（聖ルキアの日〔＝12月13日〕には蚤（のみ）が跳（と）ぶ分だけ日が長くなる）

Noël au balcon, Pâques au tison.〔n° 86〕

Araignée du matin, chagrin ; araignée du soir, espoir.（朝の蜘蛛（くも）、悲しみ。夜の蜘蛛、希望）〔＝朝の蜘蛛は雨になるしるしで、夜の蜘蛛は晴れるしるし。朝の蜘蛛は縁起が悪く、夜の蜘蛛は縁起がよい。〕

Mains froides, cœur chaud.（冷たい手、温かい心）〔＝手が冷たいのは心が温かい証拠〕

第６章

勇気と励まし

〔87〕À cœur vaillant rien d'impossible.

勇敢な心に不可能なものはない

【意味】 勇気を持てばどんな困難でも乗り越えられる。

【用法】 困難を前にして、自分で意志を強く持とうとするときにこの言葉を支えとしたり、相手を励ますときに使われる。

【ポイント】 日本の「精神一到（いっとう）何事か成らざらん」や「千万人と雖（いえど）も吾往（われゆ）かん」に匹敵するような勇壮な語感がある。もう少し軽く、「一生懸命頑張れば何とかなる」くらいの意味でも使われる。

【参考】 15世紀の商人で巨万の富を築き、貴族にのぼりつめたジャック・クール Jacques Cœur の逸話が有名。彼は、この言葉の「心（クール）」に自分の名前を掛け、「勇敢なクールに不可能なものはない」という意味を持たせ、自分の紋章の銘（モットー）とした。また、ボーイスカウトに似た活動を行う団体でもこの言葉が標語となっていた。現在の子供向けの絵本でもこのことわざは好んで取り上げられる。

【類】 Vouloir, c'est pouvoir.（望むことはできることだ）

【反】 À l'impossible nul n'est tenu.（誰も不可能なことをする義務はない）〔n° 94〕

【用例】 « Ce serait beau de monter au pic par le versant sud.

— Oui, mais il y a des endroits glissants et dangereux…

— On peut surmonter tout ça avec des cordes et des pitons. À cœur vaillant rien d'impossible ! »（「南の斜面から頂上に登れたら、すばらしいだろうな。」「うん、でも滑りやすい場所や危険な場所があるからね……」「そんなものは、ザイルとハーケンを使えば全部乗り越えられるさ。勇敢な心に不可能なものはない！」）

〔88〕Aide-toi, le ciel t'aidera.

努力しろ、そうすれば天が助けるだろう／天は自ら助くる者を助く

【意味】努力をすれば何とかやり遂げられるものだ。

【用法】人に頼らずに、自分で努力するように促す場合に使われることが多い。

【ポイント】他力ではなく自力を勧めることわざ。

【参考】イソップ寓話の「牛追とヘラクレス」に由来し、もとは「単に祈るだけではだめだ」という意味だったようだが、現在では「何もしないで（腕をこまねいて）いてはだめだ」という意味で使われる。フランスでは17世紀のラ・フォンテーヌ『寓話』第6巻第18話「ぬかるみにはまった荷馬車」に出てくる形で定着した。日本では、明治4年の『西国立志編』（サミュエル・スマイルズ著 *Self-Help* の中村正直による翻訳）に出てくる「天は自ら助くるものを助く」の形で定着した。

【用例】« Cet exercice est très difficile, maman. Tu ne voudrais pas le faire à ma place ?

— Non, ça ne serait pas te rendre service. Si tu relis bien ta leçon, tu verras qu'il te semblera plus facile. Aide-toi, le ciel t'aidera ! »

（「この宿題、すごく難しいなあ。お母さん、代わりにやってくれない？」「だめよ。それではあなたの役に立たないでしょう。教わったことをよく読み返せば、もっと簡単に思えるはずよ。天は自ら助くる者を助く！」）

〔89〕On ne fait pas d'omelette sans casser des œufs.

卵を割らずにオムレツを作ることはできない

【意味】何かを成し遂げるには、多少の犠牲は仕方がない。

【用法】たとえば「大きな改革を断行するためには、多少の痛みを伴うものだ」という時に使われる。おもに「失敗を恐れるな」という文脈で使われる。

【ポイント】犠牲を強いられたのに、改革の成果が目に見えて表れてこない場合には、このことわざを踏まえて「卵は割ってみたが、オムレツができないではないか！」と声を上げることもできる。

【類】On n'a rien sans rien.（何もしなければ何も得られない）

【用例】« Le nouveau dirigeant a réussi à redresser les comptes de l'entreprise mais a dû licencier un quart du personnel. Que voulez-vous, on ne fait pas d'omelette sans casser des œufs… »

（「その新しい指導者は会社の財務状況を立て直すことに成功したが、従業員の4分の1を解雇しなければならなかった。しかたないだろう、卵を割らずにオムレツを作ることはできないのだから……」）

〔90〕Il n'y a que le premier pas qui coûte.

大変なのは最初の一歩だけだ

【意味】 最初の一歩を踏み出すのが一番むずかしい。

【用法】 良い意味では「最初の一歩を踏み出せば､あとは自然にスムーズにいく」という意味で、ためらっている人を励ます場合などに使われる。悪い意味では「いったん悪事に手を染めると、あとはあまり抵抗を感じることなく、ずるずると悪いことをしだす」のような意味になる。

【ポイント】 実際にやってみると、想像していたほど大変ではないものだ、という意味では、日本の「案ずるより産むが易(やす)し」に近い。

【参考】 Il n'y a que ～ qui…（……なのは～しかない、……なのは～だけだ）は、ことわざでよく使われる定型表現。この定型表現を用いたことわざとしては、Il n'y a que la vérité qui blesse.（傷つけるのは本当のことだけだ）〔＝的を射た批判ほど身にこたえるものはない〕、Il n'y a que la foi qui sauve.（救うものは信仰しかない）〔＝信仰のみが人を救う、信じるものは救われる〕などがある。

【用例】 « Maman, je n'ai pas le courage de lui dire que je suis amoureux d'elle.

— Je comprends, c'est difficile d'avouer ses sentiments, mais ne t'en fais pas. Il n'y a que le premier pas qui coûte. Après, ça vient naturellement. »（「お母さん、あの子に好きだって言う勇気がないんだよ。」「わかるわよ。自分の気持ちを告げるのは難しいことだから。でも、心配しないで。大変なのは最初の一歩だけだから。あとは、自然についてくるから。」）

〔91〕La critique est aisée, mais l'art est difficile.

批評は易く技芸は難し

【意味】人のことを批判するのは簡単だが、実際に自分でやるのは難しい。

【用法】「そんなことを言うなら自分でやってみたらいい」、「いろいろ批判しているが、それでは、あなたはできるのか」といった文脈で使われる。

【ポイント】前半の La critique est aisée だけ言っても通じる。aisée を同じ意味の facile に置き換えることもある。

【参考】18 世紀の喜劇の中で、芸術論が語られる場面に出てくる言葉に由来する。劇の中では、「批評家がいろいろ批評するのは簡単だが、実際に作品を作るのは難しいのだ」という意味で使われているが、critique は一般に「批判」の意味に受け止められ、芸術とは関係ない文脈でも使われる。もともと art は「芸術」だけでなく「技、技術」という意味や、nature（自然）との対で「人為、作為」といった意味もあるので、「作ること」「行うこと」の意味に取ることも可能。日本の「言うは易く、行うは難し」に通じる。

【用例】« Je trouve que le nouveau logo est moins harmonieux que l'ancien.

— Dans ce cas, merci d'en proposer un meilleur. La critique est aisée, mais l'art est difficile ! »（「新しいロゴは、前のロゴよりも調和に欠ける気がするんですが。」「でしたら、もっとよいロゴを提案してください。批評は易く技芸は難しです。」）

〔92〕 Rira bien qui rira le dernier.

最後に笑う者がよく笑う

【意味】 最後に勝つ者が本当の勝者だ。まだ決着はついておらず、これで勝ったと思ったら大間違いだ。今に見ているがいい。

【用法】 敵に負けたり、だまされたりした人が、じっと我慢しながら雪辱（せつじょく）を誓う場合に使うことが多い。

【ポイント】 この「笑い」は無邪気な笑いではなく、相手よりも優位に立ったときに相手を馬鹿にする笑い、つまり嘲笑（ちょうしょう）である。動詞が未来形なのは、まだ勝負はついていない、勝負はこれからだという認識による。

【参考】 倒置になっており、通常の語順に直すと Qui rira le dernier rira bien. となる。

【類】 La vengeance est un plat qui se mange froid.（復讐は冷まして食べる料理だ）〔時間をおいてから（冷めてから）仕返しをするという冷徹・冷酷な響きがあり、実際には「今に見ていろ」という意味の捨てぜりふとして使われる〕

【反】 Tel est pris qui croyait prendre.（つかまえると思っていた者がつかまえられる）〔n° 78〕

【用例】 « Il se moque de moi car je suis ronde. Mais je vais mincir et à ce moment-là je lui parlerai de sa tête chauve. Rira bien qui rira le dernier ! »（「あいつは私が太っているからって馬鹿にするのよ。でも、これからやせるわ。そうしたら、あいつに禿げているって言ってやるのよ。最後に笑う者がよく笑うんだわ！」）

〔93〕Après la pluie, le beau temps.

雨のあとでは良い天気

【意味】 つらいことや悲しいことの後には、楽しいことやうれしいことが起こるものだ。不幸のあとには幸福がやってくる。試練はいつまでも続くわけではない。

【用法】 つらい状況や悲しい状況にある人をなぐさめ、勇気づけるときに使われる。もちろん、自分に言い聞かせることもできる。

【ポイント】 比喩の上では日本の「雨降って地固まる」に近い。ただし、日本のことわざは「もめ事があったのちに、それを乗り越えて以前よりもいっそう絆が深まる」という意味で使われることが多いが、フランスのことわざには「人間関係の深まり」といった意味はなく、内容的には「苦あれば楽あり」に近い。

【反】 Tel qui rit vendredi, dimanche pleurera.（金曜日に笑う人は日曜日には泣くだろう）/ Un malheur n'arrive [ne vient] jamais seul.（不幸はけっして単独ではやってこない）〔＝泣きっ面に蜂〕

【用例】 « Je n'ai pas fait beaucoup de ventes ce trimestre. Je n'ai pas trop le moral…

— Ne te décourage pas, je suis sûre que ça va repartir. Après la pluie, le beau temps ! »（「この四半期は売り上げがよくなかったなあ。気が滅入ってしまうよ。」「がっかりしないで。きっとまた盛り返すから。雨のあとでは良い天気！」）

〔94〕À l'impossible nul n'est tenu.

誰も不可能なことをする義務はない

【意味】不可能なことは、できなくて当然だ。

【用法】努力してもうまくいかなかった人を慰める時によく使われる。

【ポイント】個人的な失敗や挫折を一般論に置き換えることで、個人の責任を免れさせる効果がある。ただし、あまり多用すると、怠け癖がついてしまうかもしれない。

【参考】通常の語順にすると Nul n'est tenu à l'impossible. となる。

【反】Impossible n'est pas français.（不可能という言葉はフランス語ではない）〔ナポレオンの言葉とされ、「余の辞書に不可能という文字はない」と意訳されるが、ことわざと言えるか微妙〕。

【類】La plus belle fille du monde ne peut donner que ce qu'elle a.（世界で一番美しい娘でも、持っているものしか与えられない）

【用例】« Que t'arrive-t-il, tu as l'air complètement épuisée ?

— Je me suis engagée à finir ce rapport pour ce soir, mais j'ai beau travailler dessus quasiment jour et nuit depuis trois jours, je ne pourrai pas le finir à temps…

— Ne stresse pas autant, tu expliqueras au patron que tu as fait ton maximum et que tu n'as pas eu assez de temps. À l'impossible nul n'est tenu. »（「どうしたの？　すごく疲れているみたいだね。」「この報告書、夕方までに仕上げる約束なんだけれど、ほとんど三日三晩仕事をしてもだめなの、間にあいそうにないのよ。」「そんなに思いつめるなよ。精一杯やっても時間が足りなかったって、上司に言ったら？　誰も不可能なことをする義務はないんだから。」）

〔95〕C'est l'intention qui compte.

大切なのは気持ちだ

【意味】 行為の結果よりも気持ちや意図の方が重要だ。

【用法】 ①よかれと思ってしたのに失敗してしまった相手への慰めの言葉として使われる。②あまりたいしたことのない（値の張らない）物を贈られ、贈った相手がきまり悪そうにしている場合に、「お気持ちだけでも十分にありがたいと思っています」という意味で使われる。この意味では、日本の「気は心」に近い。

【反】 L'enfer est pavé de bonnes intentions.（地獄は善意で敷き詰められている）〔＝善意から良かれと思ってしたことが結果的に悪事になってしまう（地獄行きになってしまう）こともある〕

【用例 1】 « Maman, je te demande pardon : j'ai cassé un verre pendant que je faisais la vaisselle pour te faire plaisir.

— Ce n'est pas grave, c'est l'intention qui compte. »（「ママ、ごめんなさい。喜ばせようと思って皿洗いをしていたら、グラスを一つ割っちゃったんだよ。」「いいのよ、大切なのは気持ちだから。」）

【用例 2】 « Excuse-moi, ce matin j'ai cueilli ces fleurs pour toi, mais elles sont un peu fanées…

— C'est très gentil. C'est l'intention qui compte. »

（「ごめん、今朝、君のために花を摘んできたんだけれど、少し萎（しお）れてしまったんだ……」「どうもありがとう。大切なのは気持ちだから。」）

〔96〕Faute avouée est à moitié pardonnée.

告白されたあやまちは半(なか)ば許されている

【意味】 正直に謝れば半分許されたも同然だ。正直に言えば罪は軽くなる。

【用法】 あやまちを告白した人を許す場合に使われる。

【ポイント】 faute（あやまち）の代わりに péché（罪）を使って Péché avoué est à moitié pardonné. ということもある。péché のほうが宗教的な罪という意味あいが強い。

【参考】 キリスト教（カトリック）では、罪を犯しても司教や司祭の前で懺悔(ざんげ)（告解(こっかい)）を行い、悔い改めて罪をつぐなえば赦(ゆる)されるという教えが背景にある。このことわざが存在するお蔭で、あやまちを犯した人が正直に告白しようという気になることもあるので、道徳的に影響力の大きいことわざだといえる。

【反】 Péché caché est à moitié pardonné.（隠された罪は半ば許されている）〔こちらは「罪を犯しても人に知られなければ怒りや反感を買うことがないから、罪は軽い」という意味。たとえば浮気をしても配偶者に知られなければ結婚生活はうまくいく、などの意味で使われる〕

【用例】 « Mais qui a cassé cette porcelaine ?

— Excuse-moi… je ne l'ai pas fait exprès.

— Bon, ça va. Faute avouée est à moitié pardonnée ! »（「この磁器を割ったの、誰？」「ごめんなさい……でも、わざとやったんじゃないんだ。」「まあいいわ。告白されたあやまちは半ば許されているのだから。」）

〔97〕Mieux vaut tard que jamais.

遅くなっても全然ないよりはましだ

【意味】 全然しないよりは、遅くなってからでもしたほうがよい。

【用法】 記念日をだいぶ過ぎてからプレゼントを贈る場合や、待ち合わせに遅れた場合、あるいは時間が経ってから返事をする場合など、一般に遅くなってから物事をおこなう場合に使われる。逆に、長いあいだ待たされてから人が現れたり、物事が実現した場合に「やっと来たか」、「ずいぶん待たされたよ」という意味で使われることもある。

【ポイント】 昔は、一般論として「善事をするのに遅すぎるということはない」という意味で使われたが、現在ではそうした意味で使うことはない。その場合は次の掲げることわざを使う。

【類】 Il n'cst jamais trop tard pour bien faire.（善事をなすのに遅すぎることはない）

【用例 1】 « Je viens d'envoyer une lettre de remerciement aux invités qui sont venus à notre mariage. Ça fait déjà trois semaines, mais mieux vaut tard que jamais. »（「ぼくたちの結婚式に来てくれた招待客にお礼状を送っておいたよ。もう3週間もたってしまったけれど、遅くなっても全然ないよりはましだから。」）

【用例 2】 « Je viens enfin d'avoir une augmentation. Ça faisait deux ans que j'en demandais une. Mieux vaut tard que jamais ! »
（「やっと給料が上がったよ。2年も前から昇給を要求していたんだ。遅くなっても全然ないよりはましだけれどね。」）

〔98〕Pas de nouvelles, bonnes nouvelles.

知らせがないのはよい知らせ／便りがないのはよい便り

【意味】 事故や不幸があれば知らせが届くし、困り事が生じたら言ってくるはずだから、知らせがないのはよい知らせだと解釈してよい。

【用法】 音信不通で不安に感じた場合に、他人や自分を安心させるために使われる。

【ポイント】 明治になって英語から日本語に訳された。

【参考】 一般に、ことわざは２要素で構成されるものが多いが、このように動詞を使わない場合は、それがいっそう際立つ。似た構成をとるものに、たとえば以下のものがある。

À bon chat, bon rat.（大した猫には大した鼠）〔＝片方がしたたかなら、相手もしたたか〕

Autant de têtes, autant d'avis.（同数の頭、同数の意見）〔＝十人十色〕

Loin des yeux, loin du cœur.（目から遠くに、心から遠くに）〔n° 37〕

Tel père, tel fils.（この父にしてこの子あり）〔n° 48〕

【反】 Mauvaises nouvelles ont des ailes.（悪い知らせは翼をもつ）〔＝悪事千里を走る〕〔使用頻度少〕

【用例】 « À propos, ça fait bientôt six mois que Paul ne nous dit rien. Je me demande si tout va bien chez lui.

— Ne t'inquiète pas, je suis sûr qu'il va bien. Pas de nouvelles, bonnes nouvelles. »（「それはそうと、ポールが何も言ってこないで、もう６か月が経つわ。うまくやっているのかしら。」「心配するなよ、きっとうまくやっているさ。知らせがないのはよい知らせだから。」）

〔99〕C’est dans les vieux pots qu’on fait les meilleures soupes.

古い鍋でこそ一番おいしいスープは作られる

【意味】①経験を積んだ年配の人のほうがよい仕事をする。②若い娘よりも年配の女性（熟女）のほうが性的に魅力的（床上手）だ。③昔ながらのもののほうがいい味わいを出す。

【用法】①の意味だと、日本の「亀の甲（こう）より年の功」〔＝年を取っただけのことはある〕に近い。③の意味の場合、昔ながらの物や、定評ある名品を現代によみがえらせた製品などについて使う。

【ポイント】pot は昔は「鍋」という意味だったが、現代では「壺」という意味になっている。壺でスープを作るというのは違和感があるので、「vieux pots」を vieilles marmites（古い大鍋）等に置き換えることもある。逆に pot を「壺」の意味に取ったまま、「スープ」を confitures（ジャム）に置き換えることもある。

【反】Tout nouveau, tout beau.（真新しいものはまったく美しい）〔＝ちやほやされるのは新しいうちだけだ〕

【用例】« Papa, je viens de voir une exposition de photos magnifique. Contrairement à ce qui se fait maintenant, l’artiste a développé ses clichés fixés sur la pellicule et sans les retoucher à l’aide de logiciels numériques.

— Eh oui ma fille, c’est dans les vieux pots que l’on fait les meilleures soupes ! »（「お父さん、すばらしい写真の展覧会に行ってきたわ。最近の流行とは違って、その写真家はフィルムに焼きつけたネガを現像して、デジタルのソフトで修正したりはしないの。」「そうだよ、お前、古い鍋でこそ一番おいしいスープは作られるものだ。」）

〔100〕Tout vient à point à qui sait attendre.

待つことができる人には、すべてはちょうどよい時にやってくる

【意味】 焦らずにじっくり待っていれば、すべては自然とうまくいく。あまり思い悩まずに、ある程度手を尽くしたら、あとは期待しながら気長に待っていよう。

【用法】 待ち望んでいたことが実現したときに（つまり、このことわざが正しいことがわかった時点で）使われることが多い。

【ポイント】 未来への信頼に基づく、楽天的な響きが感じられるので、このことわざが好きだというフランス人も多い。日本の「待てば海路（かいろ）の日和（ひより）あり」〔＝待っていればそのうち海が穏やかになるはずだ〕に相当する。「果報は寝て待て」にも通じる。

【参考】 昔は qui の前に à を入れずに Tout vient à point, qui sait attendre. と言った。これは、昔は qui には si on（ないし si l'on）と同じ意味で使う用法（古語法）があり、「待つことができるなら、すべてはちょうどよい時にやってくる」という意味に理解されていたからである。à を入れるようになったのは、現代の語法にあわせて、ことわざを「現代化」した結果。

【類】 Patience et longueur de temps font plus que force ni que rage.（忍耐と長い時間は、力よりも怒りよりも多くのことをする）

【用例】 « Après deux ans d'attente, je suis enfin enceinte ! Ça prouve que je ne devais pas désespérer et que tout vient à point à qui sait attendre... »（「2年間待って、とうとう妊娠したのよ！あきらめてはならないということ、『待つことができる人には、すべてはちょうどよい時にやって来る』ということが、本当だとわかったわ。」）

コラム－古語法の名残りについて

古い時期に生まれたことわざの場合、昔の語法を残したまま、決まり文句として定着しているものも多い。

一番目につくのは無冠詞のケースである。中世には今ほど冠詞をつけなかった。たとえば Pierre qui roule n'amasse pas mousse.〔n° 17〕は現代なら *Une* pierre qui roule n'amasse pas *de* mousse. となるはずである。その他、Chat échaudé craint l'eau froide.〔n° 3〕、Bien mal acquis ne profite jamais.〔n° 26〕など、いずれも中世から存在することわざなので、冠詞がついていない。逆に、無冠詞だと「ことわざらしい」感じがするので、近代以降にできたことわざでも、わざと無冠詞にする場合もある。

Celui qui…(……な人は)の Celui を省略して Qui…だけにするのも、おもにことわざや格言に残る古めかしい言いまわしである(Qui vole un œuf vole un bœuf.〔n° 11〕など)。

副詞の位置が現代とは異なる場合もある。たとえば Qui trop embrasse mal étreint.〔n° 21〕は現代なら Qui embrasse trop étreint mal. となるはずだし、Tant va la cruche à l'eau qu'à la fin elle se casse.〔n° 25〕は La cruche va tant à l'eau qu'à la fin elle se casse. となるはずである。

ジェロンディフの場合、「分詞節の動詞の意味上の主語は主節の主語と同じでなければならない」という規則があるが、L'appétit vient en mangeant.〔n° 72〕や La fortune vient en dormant.(財産は眠っている時にやってくる)〔日本の「果報は寝て待て」に相当〕では、この規則は守られていない。これも古語法の名残りだといえる。

フランス語ことわざ索引

※数字はことわざ項目番号

日本語訳ことわざ索引

※数字はことわざ項目番号

【な】

【は】

【ま】

【や】

【わ】

参考文献

BRUNET Sylvie, *Les proverbes,* Éditions First-Gründ, Paris, 2011

最新の研究にも目配りし、現在のことわざの使い方を丁寧に解説した本。

REY Alain / CHANTREAU Sophie, *Dictionnaire des expressions et locutions,* Dictionnaires Le Robert, Paris, 2007

比較的最近の研究成果を反映した、信頼性の高い成句・ことわざ辞典。

SINGER Samuel (begründet von), *Thesaurus proverbiorum medii aevi — Lexikon der Sprichwörter des romanisch-germanischen Mittelalters,* De Gruyter, Berlin / New York, 1995-2002, 13 vol. et Quellenverzeichnis

フランス語に限らず、中世以前にさかのぼれるヨーロッパのことわざの歴史を本格的に調べる場合は絶対不可欠な文献学的ことわざ研究の最高峰。

ジョルジュ・ビドー・ド・リール著、堀田郷弘・野池恵子訳『フランス文化誌事典 — 祭り・暦・気象・ことわざ』、原書房、1996

民俗学的視点から「ディクトン」を集め、歳時記風にまとめた本。

北村孝一『ことわざの謎』、光文社新書、2003

有名な西洋起源のことわざについて、どのようなルートで日本に移入され定着したのかが詳しく考究されている。

北村孝一監修『故事・俗信ことわざ大辞典　第二版』、小学館、2012

現在の日本で最も解説の詳しいことわざ辞典。

中務哲郎訳『イソップ寓話集』、岩波文庫、1999

ことわざや教訓を核として、動物を主人公にして作られたイソップ寓話には、本書のことわざ 1, 7, 40, 88 の元になった話が含まれている。

大橋尚泰「北鎌フランス講座－ことわざ編」

[http://proverbes.kitakama-france.com/]

本書の筆者が公開しているホームページ。歴史的な由来については、可能な限りインターネット上で閲覧可能な原典へのリンクを載せている。

■著者紹介■

大橋　尚泰（おおはし なおやす）

フランス語翻訳者。ことわざ学会理事。1967年生まれ。早稲田大学仏文科卒。東京都立大学大学院仏文研究科修士課程中退。HP「北鎌フランス語講座」「葉書で読みとくフランスの第一次世界大戦」。

※ 本シリーズの訳文に一部差別的と誤解される恐れのある語がありますが、著者および出版社は差別を容認する意図はございません。

ミニマムで学ぶ フランス語のことわざ

2017年2月25日　第1版第1刷　発行

著　者　　大橋　尚泰
監修者　　北村　孝一
発行者　　椛沢　英二
発行所　　株式会社クレス出版
　　　　　東京都中央区日本橋小伝馬町14-5
　　　　　TEL 03-3808-1821　FAX 03-3808-1822
組　版　　松本印刷株式会社
印刷所　　互恵印刷株式会社

ISBN978-4-87733-951-7　C3039　¥1800E
落丁・乱丁本は交換いたします。